SKETCHES

joués
non joués
à jouer
ou injouables

Jean Yanne

Sketches

joués
non joués
à jouer
ou injouables

Plon

ISBN : 2-259-19206-8

Introduction

Depuis des années, des gens m'arrêtaient dans la rue, dans les aéroports, les avions, au bord des piscines, dans les halls des palaces, au marché aux puces, à la sortie de la messe, à l'entrée des bobinards de la Grosse Freiheit de Hambourg ou du Quartier rouge d'Amsterdam, et parfois (rarement, je dois l'avouer) au cours de randonnées champêtres, dans des petits sentiers de la montagne suisse, ou sur les chemins de halage du Marais poitevin, pour me poser cette question : « Où peut-on trouver vos sketches ? »

Ceux qui me demandaient cela ? Des personnes de toute extraction et de toute appartenance : des charmants organisateurs de clubs méditerranéens, des prêtres directeurs de colonies de vacances, des associations d'avocats, et d'autres à but non lucratif, des responsables de la réinsertion dans les prisons... Enfin, quantité de gens susceptibles de jouer ou faire représenter des saynètes, afin de mettre en bonne humeur leurs élèves, leurs confrères, leurs ouailles, leurs clients ou leurs amis.

Parfois, je répondais évasivement : « Oh... je ne sais pas. Peut-être en a-t-on imprimé deux ou trois, il y a longtemps, dans des magazines ! »

Parfois, j'étais brutal : « Mais fichez-moi la paix ! J'en sais rien ! Les sketches, c'est fait pour être joués, pas pour être lus ! »

Et parfois, j'étais émouvant, à la limite du pathétique : « Hélas ! Aucun éditeur ne m'a jamais proposé de les publier... »

La première réponse était fausse : nul magazine n'a jamais proposé le moindre de ces sketches. La deuxième aussi : tout sketch est fait pour être lu avant d'être joué, sans cela, comment le jouerait-on ? Et la dernière également puisque aujourd'hui, ce livre existe.

Pourquoi des sketches joués, non joués, à jouer ou injouables ?

Les « joués » l'ont été en public, ou dans des émissions de variétés à la Télévision. Certains n'ont pas été diffusés. Lorsqu'ils le seront, nous ne manquerons pas de vous le faire savoir.

Les sketches « à jouer » et « non joués » attendent simplement d'être incorporés à des spectacles futurs.

Enfin, les sketches « injouables » étaient trop coûteux ou trop difficiles à réaliser. Ils le sont de moins en moins. Les progrès techniques et l'utilisation du « virtuel » font que ces sketches injouables ne le seront bientôt plus. Je m'en réjouis.

Un mot maintenant sur mes collaborateurs, Guénolé Azerthiope et Gérard Peirera.

Pendant tout le temps où nous avons travaillé ensemble, nous ne nous sommes pratiquement jamais vus. Sur notre lieu de travail, ils arrivaient lorsque j'étais parti. J'étais à peine de retour qu'ils s'en allaient.

Ils me laissaient des textes que j'appréciais modérément. Je les modifiais, les corrigeais et leur adressais la version définitive qu'ils trouvaient à chier.

Ces rapports furent divins.

Maintenant, mes yeux s'embuent. Ces sketches sont livrés à votre jugement.

Une dernière phrase : si, parmi vous, certains producteurs riches et fiables sont intéressés, qu'ils prennent contact avec mon agent.

JOUÉS ET INÉDITS

Le permis de conduire

L'examinateur : Lawrence RIESNER
Le candidat : Jean YANNE

Une voiture auto-école. Un examinateur attend en consultant ses fiches.

EXAMINATEUR : Examinateur, c'est pas un métier. Tous les candidats veulent avoir leur permis, ils ne se donnent même pas la peine d'apprendre le code de la route. Enfin, avec moi, pas question de passe-droit. (*Il crie* :) Premier candidat !

Un seul homme assez efféminé monte dans la voiture.

EXAMINATEUR : Dépêchons-nous. Bonjour, monsieur, asseyez-vous.

Jeune homme : Bonjour, monsieur.

Examinateur : Bonjour, asseyez-vous, monsieur, vous vous trouvez sur une route à grande circulation, vous croisez une route départementale dont la largeur est double de celle d'un chemin vicinal qui la prolonge au sud-ouest d'une ligne médiane tracée par le bas-côté d'une route secondaire parallèle à celle que vous venez d'éviter en empruntant le trajet inverse de celui inscrit sur un panneau indicateur placé derrière vous, il pleut, votre essuie-glace tombe en panne, que faites-vous ?

Jeune homme : Vous me parlez avec brutalité...

Examinateur : Monsieur, je vous ai posé une question précise, je vous prie de répondre !

Jeune homme : Non ! Vous m'avez psychiquement traumatisé. Je suis complètement retourné, maintenant.

EXAMINATEUR : Oui, bien pour l'instant, vous allez retourner chez vous, si vous ne savez pas. Recalé ! Poussez votre genou.

JEUNE HOMME : Sadique, va !

Le jeune homme sort de la voiture.

EXAMINATEUR : Candidat suivant. Candidat suivant... Suivant... !

On entend une voix dans le lointain.

CANDIDAT : Ah, une seconde ! Y a pas le feu, non ?

Un candidat arrive. C'est une énorme brute. Il s'installe dans la voiture, et prend toute la place.

EXAMINATEUR : Il y a d'autres candidats, monsieur, dépêchez-vous, je vous prie...

CANDIDAT : Une seconde, on vous dit, quoi !
On a le temps de prendre un petit remontant avant l'examen, non !

Examinateur : Bien sûr, mais...

Candidat : Faut pas pousser quand même !

Il regarde l'examinateur, l'air mauvais.

Candidat : Va falloir en rabattre, avec moi, parce que... il faut pas jouer avec l'homme !

Examinateur : Asseyez-vous, prenez vos aises ! Je vous demande pardon, vous êtes bien installé ?

Candidat : Ça va, oui, ça va, sauf les genoux ça me gêne un peu, les genoux, là.

Examinateur : C'est une petite voiture...

Candidat : Ben oui, puis j'ai des gros genoux, alors ça me gêne les genoux, quoi.

Examinateur : Oui, c'est ça, la prochaine fois, on prendra un autocar.

Candidat : Ben y a intérêt, parce que je changerai pas mes genoux.

EXAMINATEUR : Bon. Monsieur, première question. Vous montez dans votre voiture, celle-ci ne veut pas démarrer, que faites-vous ?

CANDIDAT : Est-ce que je sais, moi !

EXAMINATEUR : Vous feriez bien de le savoir ! Vous montez dans votre voiture, elle ne démarre pas, qu'est-ce que vous faites.

CANDIDAT : Euh... Redites-moi ça, un peu... pour voir ?

EXAMINATEUR : Vous êtes un peu dur d'oreille, vous tournez la clé, rien ne se passe, qu'est-ce que vous faites ?

CANDIDAT : Eh ben je descends.

EXAMINATEUR : Les fusibles, vous vérifiez...

CANDIDAT : Non, je descends, et je file un grand coup de pompe dans cette saloperie de bagnole. Après, je prends ma clé à molette, j'ouvre le capot et je casse le moteur en mille morceaux. Je frappe, je cogne parce que je suis pas du genre à me laisser emmerder par un tas de ferraille... Et puis pas par autre chose non plus, d'ailleurs... suis-je assez clair ?

EXAMINATEUR : Bon, autre chose, monsieur.

CANDIDAT : Oui...

EXAMINATEUR : À présent, vous arrivez à un carrefour.

CANDIDAT : Oui.

EXAMINATEUR : Un agent de la force publique vous fait signe de vous arrêter...

CANDIDAT : Oui...

EXAMINATEUR : Qu'est-ce que vous faites ?

CANDIDAT : Je passe ! Et puis je me débrouille pour l'attraper avec mon aile gauche et j'y roule sur le buffet, et au passage, j'ouvre ma portière et j'y balance un bon coup de latte dans la gueule, par la même occasion. Parce que c'est pas un flic qui va faire la loi, non ! Prenez pas tout le siège.

Examinateur : Bon, maintenant, vous êtes sur une route départementale...

Candidat : Ah, ça m'étonnerait, alors !

Examinateur : Qu'est-ce que vous dites ?

Candidat : Je dis ça m'étonnerait... que je sois sur une route départementale. J'y vais jamais sur les routes départementales, c'est plein de boue, et ça sent mauvais.

Examinateur : Oui, j'entends bien, monsieur, mais c'est une supposition, vous êtes sur une route départementale...

Candidat : Non, je suis pas sur une route départementale, je viens de vous dire que j'y mettais jamais les pieds sur les routes départementales. J'aime pas ça, les routes départementales. Je hais les routes départementales,

les routes départementales, rien que de m'en causer, ça me donne envie d'envoyer des mandales dans la tronche à tout ce qui remue.

EXAMINATEUR : Mais... Mais en admettant...

CANDIDAT : AAAh... Je vais me le farcir ! Ah, je vais être obligé de me le farcir, le petit asticot !

EXAMINATEUR : Mais enfin, monsieur...

CANDIDAT : Vous commencez à m'énerver avec vos questions... Est-ce que je vous en pose des questions, moi ?

EXAMINATEUR : Non, mais...

CANDIDAT : Est-ce que je vous en pose ?

EXAMINATEUR : Absolument pas.

CANDIDAT : Est-ce que je vous demande qu'est-ce que vous faites si il se passe ceci, qu'est-ce que vous faites si il se passe cela ?

EXAMINATEUR : Pas du tout...

CANDIDAT : Est-ce que je vous oblige à aller sur une route départementale moi ?

EXAMINATEUR : Qu'est-ce que j'irais y faire !

CANDIDAT : Est-ce que je vous demande pourquoi vous avez cette tête d'abruti, et pourquoi ça fait un bruit d'évier quand je la remue ? Hein ! La seule chose que je vous demande, c'est si vous me le donnez, mon permis, oui ou non ?

L'examinateur, terrorisé, lui tend la feuille.

CANDIDAT : Ah ! la ! la !... Qu'est-ce qu'on peut perdre comme temps en formalités !

Les routiers

Bébert : Jean YANNE
Frédo : Paul MERCEY

Deux routiers, dans la cabine d'un énorme bahut. C'est la nuit.

BÉBERT : Eh, t'endors pas, Frédo, on a encore de la route à faire.

FRÉDO : T'en fais pas, j'ai fait la pause-café. Je peux tenir le choc jusqu'à Montélimar.

BÉBERT : Pourvu qu'il y ait pas de brouillard.

FRÉDO : On verra bien. Tiens, en attendant, mets toujours « Route de nuit », ça nous fera passer le temps.

Bébert met la radio.

RADIO : Et, amis routiers, souvenez-vous que les camions SOUCHEBIR sont les seuls camions équipés de sièges Louis XVI à pieds galbés, camions SOUCHEBIR, un vrai plaisir !
Et maintenant, amis routiers, un peu de musique. Nous allons écouter le premier mouvement du quatuor numéro six en *si* bémol majeur opus 18 de Ludwig van Beethoven.

On l'entend. Peu à peu, les routiers fredonnent la musique.

BÉBERT : *La la la... sol la... sol la... La la...*
Tu tiras ce que tu voudras, Frédo, mais dans cet allegro de Beethoven, et ben on sent encore vachement l'influence de Mozart !

FRÉDO : Ah ! faut dire que c'est la période charnière de l'évolution beethovénienne.

BÉBERT : Je suis d'accord avec toi, Frédo, mais avoue que c'est plus sensible dans l'allegro que dans l'adagio, c'est en filigrane, quoi !

Frédo : Ben par le fait, c'est sa deuxième manière, à Beethoven. Dans le premier thème, il fait un large exposé, alors forcément, dans l'allegro ma non troppo, quand le premier violon et le violoncelle ils attaquent à l'unisson, on sent que ça va s'épanouir en contrepoint.

Bébert : C'est vrai ce que tu dis, Frédo !

Frédo : Tu sais, comme le disait Delacroix, « dans le Beethoven des quatuors on respire déjà la mélancolie qui trahit un feu intérieur ». Il a pas fini de faire du slalom avec son scooter, celui-là !

Bébert : Ah... Les deux-roues, faut se les goinfrer.

Frédo : Ah, c'est pas vrai ! Tiens. Tiens, écoute le pianissimo, si c'est enlevé...

Ils chantent sur la musique, et sont coupés dans leur élan.

RADIO : Nous interrompons ce quatuor, amis routiers, pour vous rappeler que Beethoven ne connaissait pas la gamme. Non, il ne connaissait pas la gamme, la gamme des camions SOUCHEBIR, bien entendu. Et, souvenez-vous, camion SOUCHEBIR, un vrai plaisir !

On entend « Jésus que ma joie demeure ».

BÉBERT : Ah... Tu sais qu'ils commencent à nous bassiner avec leur publicité !

FRÉDO : T'as raison, ils ont coupé au moment de la montée chromatique, le plus beau passage !

BÉBERT : Ben je pense bien, c'est le passage en *la* bémol mineur, alors ! Deux altérations à la clé !

FRÉDO : Exactement.

BÉBERT : Enfin, c'est comme ça, c'est comme ça !

FRÉDO : Eh ouais.

BÉBERT : Tiens, c'est du Bach, maintenant.

FRÉDO : Ouais c'est du Bach. Qui c'est qui joue là ? C'est François Chombier, ça, hein ?

Bébert hurle de rire.

BÉBERT : T'as vraiment pas de feuille !
François Chombier ! Mais tu reconnais pas l'attaque ?
C'est Adrienne Flombart. Chombier, il joue plus délié dans les aigus.

FRÉDO : Ouais... T'as peut-être raison.

BÉBERT : Je veux, oui.

FRÉDO : Tiens, samedi dernier, j'ai de nouveau emmené les mômes à Saint-Louis-des-Invalides. Pour entendre Dupré.

BÉBERT : Ah, il est bien Dupré, il fait le poids Dupré, moi, je trouve qu'il a une bonne persistance rythmique.

FRÉDO : Ah ouais...

BÉBERT : Mais tu vois, y a un truc qui me chiffonne chez Dupré quand même... Comme dit Gavoty, il est bien, mais il sait pas se servir de la pédale. Et tu sais, Gavoty, c'est un connaisseur.

FRÉDO : Oui, ça des fois, il a la régistration touffue, mais quand il a un bon instrument, comment qu'il se défend ! Tiens, l'année dernière, avec mémène, on est allé l'écouter à Notre-Dame, il nous a fait chialer !
Il les éteindra pas ses phares, cet abruti !

BÉBERT : Ah, le salaud !

FRÉDO : Ça va pas la tête, non. J'y ai dit !

BÉBERT : T'es pas fatigué, Frédo ? Tu veux pas que je te reprenne un peu ?

FRÉDO : Penses-tu, tu peux roupiller, si tu veux.

BÉBERT : Ah non, maintenant que tu m'as causé, j'ai plus sommeil, je vais lire un peu, tiens !

FRÉDO : Qu'est-ce que c'est que tu lis ?

BÉBERT : Péguy. Club français du livre.

FRÉDO : C'est chouette, Péguy ! Hein ?

BÉBERT : Ben, je vais te dire, surtout, c'est pas lassant.
C'est Tutur qui m'a donné ce bouquin. Tu connais Tutur ?

FRÉDO : Je vois pas, non !

BÉBERT : Tutur ! Le grand rouquin, qui fait Paris-Strasbourg avec son onze tonnes !

FRÉDO : Ah ouais, ça y est, je vois...

BÉBERT : Dans un routier, j'y avais réparé son démarreur, eh ben pour me remercier il m'a filé tout Péguy.

FRÉDO : Ben il s'est pas foutu de toi, hein !

BÉBERT : T'as raison, douze volumes. Qu'est-ce que je me régale !

FRÉDO : Dis donc, Bébert, tu serais chouette, tu sais ce que c'est que tu ferais ?

BÉBERT : Non.

FRÉDO : Tu m'en lirais un peu, tout haut.

BÉBERT : Ben si tu veux.

FRÉDO : Ouais !

BÉBERT : « Je suis la servante du Seigneur », dit Jeanne la pucelle.
Je suis frêle comme le roseau caressé par les vents.
Je suis un ciboire dressé vers le royaume des ombres.

FRÉDO : T'interprètes bien Péguy, Bébert !

BÉBERT : Je marche pieds nus vers toi, Éternel.
J'use mes pieds sur la pierre des chemins, sur la route de Tes cathédrales, j'écorche mes mains aux épines dressées vers Ta sérénité.
Je suis le calice de Ta douleur ô Roi céleste !

Frédo se met à pleurer.

FRÉDO : Oh... Oh Oh Oh...

BÉBERT : Ben, qu'est-ce qui t'arrive, Frédo ?

FRÉDO : C'est tellement triste, ton Péguy...

BÉBERT : Ben, j'ai choisi le passage le plus marrant !

FRÉDO : Ouais, mais il vaut mieux que t'arrêtes parce que je vois plus clair.

BÉBERT : Ben, mets les essuie-glaces.

FRÉDO : Excuse-moi, ça va me passer, mais faut que je me ressaisisse, c'est tout.
Vaut mieux que t'arrêtes.

BÉBERT : Oh, ben mince alors...

Un temps interminable.

BÉBERT : Frédo...

FRÉDO : Oui...

BÉBERT : Tu m'aimes ?

La circulation à Rome

Messala : Jean YANNE
Ben Hur : Paul MERCEY
Le flic : Lawrence RIESENER

Une rue de Rome, deux heures moins le quart avant Jésus-Christ.
Deux conducteurs de char.

MESSALA : Eh...

BEN HUR : Oh...

MESSALA : Eh... Ben Hur...

BEN HUR : Que dicce Messala ?

MESSALA : Eh ben avancum, eh ringardoum avec tuam charus de mes fessum !

BEN HUR : Ou minutum, pater ecrasum.

MESSALA : De quam ? Repetum osum repetare !

BEN HUR : Non me genare per repetare, non mais des fouam obtonare tuam permissionem de conduirare per pistonem, ou dans unum pochetum surprisum !

MESSALA : Ah, tuam interare à la bouclarum, hein sinonus descendus et fichus coup de pompeum dans les michoum !

BEN HUR : Provocationem ?

MESSALA : Ah ouais mon potoum !

BEN HUR : Pas bougum !

MESSALA : Pas bougum ?

BEN HUR : Pas bougum !

MESSALA : Refusare avancam ?

BEN HUR : Refusare !

MESSALA : Cherchum la bagarum !

BEN HUR : Oh, tienus, fumus, c'est du belgum !

MESSALA : Du belgum !

BEN HUR : Du belgum !

MESSALA : Insultam ! Grossiérum !

BEN HUR : Oh ecraseum !

MESSALA : Tienus !

Il lui rentre dedans avec son char.

BEN HUR : Vade retro, satanas avem emboutis parechocum !

MESSALA : Ah... Avenus prevnus ! Chercham la bagarum, rentram dans le lardoum !

BEN HUR : Non mais tournus pas rondus...

MESSALA : Cassam pas les burettum !

BEN HUR : Meritare prisonem ! Grainus d'assassineum ! Appelare Flicum !

MESSALA : Flicum !

BEN HUR : Parfaitementus !

MESSALA : Flicum ! Degonflem ! Deballonus ! Flicum...

BEN HUR : Agentus... Centurionem !

Arrive un flic (romain).

FLICUM : Eh là ! Eh là !... Quad discutionnem ? Qued se pasetiloum ?

BEN HUR : Agentus Temoinem...

FLICUM : Ouais...

BEN HUR : Imbecilum enfoncem parechocum !

MESSALA : Ah... Conduisus comme un mancheum !

BEN HUR : Faisoum exprem !

MESSALA : Mais boucham la rue avec son gros ventrum !

BEN HUR : Attentionem, repetum...

MESSALA : Gros ventrum !

BEN HUR : Repetum !

MESSALA : Gros ventrum !

BEN HUR : Approcham ! Arracham les oreillus !

MESSALA : Eh ben essayam !

FLICUM : Oh Oh... Calmous !

MESSALA : Obsedum sexualis !

BEN HUR : Injuriam !

FLICUM : Silencum !

BEN HUR : Commencam...

FLICUM : Silenceum ! Reculare. Constatem degatum.

Messala recule et roule sur les pieds du flic.

FLICUM : Aïe... Pas fairum attentionem !

MESSALA : Eh ben flicum... Plancus ripatonus !

FLICUM : Papirum !

BEN HUR : Papirum ?

FLICUM : Papirum !

BEN HUR : Mezigum ?

FLICUM : Oui, Tezigum !

BEN HUR : Voilam.

FLICUM : Cartum grisem.

BEN HUR : Cartum grisem, voilam.

FLICUM : Vignettus.

BEN HUR : Vignettus, vignettus... voilam.

FLICUM : Attestationem assurançam.

BEN HUR : Attestationem assurançam.

FLICUM : Depechoum !

BEN HUR : Minutem, chercham... Voilam.

FLICUM : Curriculum vitae.

BEN HUR : Voilam toutus le paquetus !

FLICUM : Non in reglum.

BEN HUR : Non in reglum ?

FLICUM : Vignetum perimem.

BEN HUR : Ou ben oubliam.

FLICUM : Ah oui, oubliam... Assurançam non aquitem.

BEN HUR : Ou pas gravum !

FLICUM : Pas gravum ? Contraventionem !

BEN HUR : Contraventionem ?

FLICUM : Contraventionem.

BEN HUR : Alorem, c'est ma meilleurem. Ah, ben merdum.

Messala intervient en faux cul.

MESSALA : Flicum... Dicce merdum...

FLICUM : Esgourdam ! Que dicce ?

BEN HUR : Merdum !

FLICUM : Merdum !

BEN HUR : Merdum merdum merdum merdum !

FLICUM : Insultam policem !

BEN HUR : Pas per policem, per Messala !

FLICUM : Grosserum avecum gardienus pacce. Suivam commissariam.

MESSALA : Ah... Commissariam, rigolam. Fendus la

gueulum... appelare flicum et possedare.

FLICUM : Allez, postum policem.

BEN HUR : Minutem, me plaindrum prefectus policem paponus.

BEN HUR : Sui decorem legionnibus d'honorem ! Scandalum, in partibus martyrum !

Messala reste seul.

MESSALA : Ah, rigolam. Appelare flicum.
Flicum, Flicum. Flicum.
Venus, mille ballus dans le fouindum.

Il regarde sa roue.

MESSALA : Oh... Merdum, crevam.

Les cigognes *

Marie-Armelle : Dominique LAVANANT
Le professeur : Thierry LHERMITTE
Fritz : Martin LAMOTTE
Hansi : Jean YANNE

Les toits d'une ville alsacienne.
Au premier plan, sur une cheminée, un nid de cigogne.
Dans le nid, apparemment nus, le célèbre professeur d'ornithologie, Alexandre Gouffe, et son assistante, Marie-Armelle.

MARIE-ARMELLE : Professeur, vous savez l'admiration que j'ai pour vos travaux, et à quel point je suis heureuse d'être votre assistante, mais cela fait

* Les sketches dont les titres sont suivis d'un astérisque sont inédits.

maintenant trois jours que nous sommes dans ce nid de cigogne...

PROFESSEUR : Et alors ?

MARIE-ARMELLE : Eh bien... franchement, c'est dur !

PROFESSEUR : Ma petite Marie-Armelle, vous avez décidé de devenir ornithologue. Je sais, c'est difficile. Mais pour observer et étudier les animaux, il n'y a qu'une seule méthode. Vivre en osmose totale avec les sujets à observer, dans leur milieu ambiant. Alors, bien sûr, les nids de cigogne étant essentiellement faits pour les cigognes, il est normal que nous y fussions mal à l'aise.

Marie-Armelle fait la gueule.

PROFESSEUR : Qu'est-ce qu'il y a d'autre ?

MARIE-ARMELLE : J'ai faim.

PROFESSEUR : Il y a une gamelle pleine de vers de terre...

MARIE-ARMELLE : Ça me dégoûte.

PROFESSEUR : Eh bien, si vous n'aimez pas les lombrics, essayez les grenouilles.

MARIE-ARMELLE : Crues !

PROFESSEUR : Ma petite fille, être dans le milieu ambiant, ça veut dire adopter la même façon de vivre, et par conséquent la même nourriture. Et puis, nous n'avons pas le temps de discuter. Passez-moi plutôt les jumelles.

MARIE-ARMELLE : Voilà, professeur.

Le professeur observe un nid de cigogne éloigné, sur une autre cheminée.

PROFESSEUR : Oh... Un couple de cigognes se réveille... Notez... Le mâle caresse le cou de sa femelle avec son bec... De sa poche revolver, il sort un gros ver de terre qu'il donne à sa compagne... Attendez, j'essaie de grossir l'image. Ah, ça alors, c'est extraordinaire !

MARIE-ARMELLE : Quoi ? Qu'il ait une poche revolver ?

PROFESSEUR : Mais non, notez... C'est la première fois que cette race de cigogne mange un némathelminthe. Comme quoi, on en apprend tous les jours.
Attention, elles nous regardent. Marie-Armelle, remettez votre bec.

MARIE-ARMELLE : Vous y tenez vraiment ? Le bec, ça me fait parler du nez...

PROFESSEUR : Vous n'avez pas à parler. D'ailleurs si vous la fermiez un peu, ça ne serait pas plus mal.
Attention... Je vois la femelle qui se lève. Elle s'apprête à venir dans notre direction. Vite, branchez la cassette et envoyez le chant d'amour.

Elle le fait.
Le chant d'amour s'élève.

PROFESSEUR : Bon, maintenant, montez sur le bord du nid et faites le mâle.

Marie-Armelle monte sur le bord du nid. On s'aperçoit qu'elle a des petites ailes dans le dos et une touffe de plumes à cul fixée sur un bikini.

MARIE-ARMELLE : Professeur, j'ai peur de tomber.

PROFESSEUR : Ne regardez pas en bas. Faites comme les cigognes. Droit devant vous, le regard. Mettez-vous sur une patte.

MARIE-ARMELLE : Professeur, je vous jure que je vais tomber.

PROFESSEUR : Mais non, je vous tiens.

Il la tient par la cheville. Marie-Armelle est sur une jambe, et fait la cigogne.

PROFESSEUR : Tenez, Marie-Armelle, montrez-lui cette grenouille, ça va la faire venir.

Marie-Armelle tient la grenouille par une patte et l'agite.

MARIE-ARMELLE : Elle ne bouge pas, professeur, la cigogne.

PROFESSEUR : Mangez la grenouille alors. Elle va comprendre qu'il y a de quoi bouffer ici, et que c'est bon.

Marie-Armelle se met la grenouille dans le bec. Le professeur lui tend une poignée de vers de terre.

PROFESSEUR : Tenez, essayez avec ça aussi.

MARIE-ARMELLE : Elles ne bougent toujours pas, professeur. J'ai même l'impression qu'elles se foutent de moi.

PROFESSEUR : Mais non, mais non, les cigognes n'ont pas le sens de l'humour. Elles ne sont guidées que par leur instinct et leur estomac.
Mangez les vers, mastiquez bien, qu'elles puissent voir de loin que vous vous régalez. Je suis sûr que ça va les appâter.

Marie-Armelle mange les vers, ce qui fait remuer son faux bec.

MARIE-ARMELLE : Beurk, c'est gluant...

PROFESSEUR : Ça prouve qu'ils sont frais. Remuez les ailes maintenant, pour montrer que vous êtes contente... Remuez... remuez... merde, elles sont parties !

Le professeur ôte les yeux des jumelles et regarde Marie-Armelle qui est toujours en train de remuer les ailes.

PROFESSEUR : Mais vous les remuez dans le mauvais sens, vos ailes. Enfin, Marie-Armelle, où avez-vous donc la tête ? Vous leur avez fait peur. Une journée à l'affût pour rien !

MARIE-ARMELLE : Je suis désolée. Je peux redescendre, professeur ?

PROFESSEUR : Oui, redescendez.

Elle redescend.
Le professeur continue à scruter tous azimuts avec ses jumelles.

MARIE-ARMELLE : Professeur, j'ai un peu froid. Je peux remettre mon soutien-gorge ?

PROFESSEUR : Vous avez déjà vu une cigogne avec un soutien-gorge ? Attention ! Voilà un nouveau couple qui s'installe. Ma parole, ce nid, c'est une maison de rendez-vous. Oh, je les vois magnifiquement. Je distingue parfaitement tout ce qu'elles font. Je vais voir si je peux filmer.

Le professeur pose ses jumelles et prend la caméra.

PROFESSEUR : Ah, c'est trop loin, même avec le zoom. Je vois moins bien. Bon, je vais regarder avec les jumelles, et nous allons reconstituer la scène. Je branche la caméra sur nous. Là... voilà... allons-y.

Le professeur accroche la caméra sur la cheminée pour qu'elle les filme. Puis il reprend les jumelles.

PROFESSEUR : Oh ! la la !, c'est formidable. Suivez bien... Marie-Armelle, mettez-vous bien devant moi. Là, comme ça. Penchez-vous en avant. Posez votre bec sur le bord du nid... comme ça. Bougez lentement les ailes...

Le professeur est debout derrière Marie-Armelle légèrement penchée (position n° 3 du *Kama-Sutra*).

MARIE-ARMELLE : Mais qu'est-ce que vous faites, professeur ?

PROFESSEUR : J'observe l'accouplement. Je ne l'ai jamais vu aussi nettement. Vous avez votre bloc, Marie-Armelle ? Notez... Ce mâle a l'air très sûr de lui. Il picore le cou de la femelle.

Le professeur regarde si la caméra les prend bien et picore le cou de Marie-Armelle.

MARIE-ARMELLE : Mais vous me faites mal, professeur.

PROFESSEUR : Ne gigotez pas inconsidérément ! C'est d'une importance scientifique capitale !

MARIE-ARMELLE : Mais c'est sérieux, professeur ! Vous me faites vraiment mal.

PROFESSEUR : Mais taisez-vous, bon Dieu. Moi je ne dis rien. Et pourtant vous ne savez pas ce que vous me faites subir avec votre plumeau.
Attention, la femelle se retourne pour voir le mâle. Mais retournez-vous, nom de Dieu !

MARIE-ARMELLE : Pour voir le mâle ?

PROFESSEUR : Oui, pour voir le mâle.

MARIE-ARMELLE : Mais c'est moi le mâle !

PROFESSEUR : Comment c'est vous le mâle ?

MARIE-ARMELLE : Vous m'avez bien dit de faire le mâle tout à l'heure en mangeant des vers de terre.

PROFESSEUR : Tout à l'heure ! Mais ça fait dix minutes que vous faites la femelle. Vous êtes bouchée ou quoi !

MARIE-ARMELLE : Je suis désolée. Je ne m'en étais pas rendu compte.

PROFESSEUR : Ben ma petite, pour les études sur le comportement, chapeau ! Et après ça, vous voulez que je vous aide à soutenir votre thèse !

MARIE-ARMELLE : Je suis vraiment désolée, professeur. A l'avenir, je ferai attention...

Elle se retourne et donne un coup de bec dans les jumelles du professeur. Celui-ci les lâche et elles tombent du nid.

PROFESSEUR : Ah, mais c'est pas vrai ! Comment pouvez-vous être maladroite à ce point !

MARIE-ARMELLE : Oh, je suis navrée. Je peux ôter mon bec ?

PROFESSEUR : Oh, oui, ôtez votre bec. De toute façon, qu'est-ce que vous voulez qu'on fasse maintenant que nous n'avons plus de jumelles pour observer ces échassiers migrateurs ? La journée est foutue. Il n'y a qu'à partir.

MARIE-ARMELLE : Bon, je rassemble le matériel.

Le professeur regarde quelque chose au loin.

PROFESSEUR : Vous avez vu ? Quand la cigogne s'envole, elle ne se sert pas de ses ailes tout de suite. C'est d'abord une question de jambes. Elle plie les genoux, et hop ! C'est la poussée qui la fait décoller. Comme le *Concorde.* Et c'est seulement après que les ailes interviennent. Pour planer...

MARIE-ARMELLE : Ah oui ?

PROFESSEUR : Écoutez, c'est le moment ou jamais de vérifier.

MARIE-ARMELLE : Ben oui. Pendant qu'on est dans le milieu ambiant.

PROFESSEUR : Nous allons sauter sur le toit d'en face. Vérifions notre équipement. D'abord je mets mes ailes...

MARIE-ARMELLE : Faut que je remette mon bec ?

PROFESSEUR : Mais non. Essayez de suivre un peu. Nous vérifions un problème de pattes, pas de bec ! Bon, venez avec moi sur le bord du nid. Mettez bien le dos dans le prolongement du cou. Vous y êtes ?

MARIE-ARMELLE : Oui.

PROFESSEUR : Bon. Fixez bien le point où nous voulons arriver. Le bord de la gouttière, en face. OK?

MARIE-ARMELLE : OK.

PROFESSEUR : Bon, alors, je résume. On plie les jambes, on laisse ses ailes au repos. On donne une détente, on décolle, et seulement lorsqu'on sent qu'on est dans le vide, on tend ses ailes. C'est compris ?

MARIE-ARMELLE : Oui.

PROFESSEUR : Alors attention, un, deux, trois...

Ils s'élancent dans le vide.

Sur une petite place de village du Haut-Rhin, le professeur et Marie-Armelle sont étendus, légèrement aplatis.
Deux ou trois Alsaciens passent devant eux.

FRITZ : AS-TU FU, HANZI, IL Y A TÉCHA TES BARIZIENS QUI PRONZENT...

HANZI : YA, FRITZ. LES TOURISTES SONT EN AFANCE, ZETTE ANNÉE.

Ils se dirigent vers le café de la place « Aux deux cigognes ».

Le Martien *

Armstrong : Gérard JUGNOT
Brasfort : Jean YANNE

Une capsule spatiale assez grande (on doit pouvoir s'y déplacer debout). Écrans, objets divers, combinaisons classiques. Et dans un coin, un Martien. Il est vert, et très mou.

ARMSTRONG : D'après les calculs, on devrait arriver dans trente heures.

BRASFORT : Putain ! Encore trente heures dans cette cabine de merde. Et avec l'autre zouave en plus !

ARMSTRONG : Trente heures, c'est pas long. Le plus dur est fait.

BRASFORT : Ah... Il se balade partout. Il tripote tout. Il a vomi sur l'ordinateur ! T'aurais pas dû le détacher.

ARMSTRONG : C'est un être humain. C'est pas parce qu'il ressemble à rien qu'il ne faut pas le respecter.

BRASFORT : C'est pas un être humain. Il n'a rien d'humain, par définition, puisque c'est un Martien.

ARMSTRONG : Oui, ben, c'est comme les animaux. Si c'est pour les maltraiter, c'est pas la peine d'en avoir.

BRASFORT : Après tout, c'est ton problème, hein. C'est toi qui as voulu le ramener.

ARMSTRONG : Je l'ai ramené pour mon gosse.

Un temps.

BRASFORT : Je vais te dire... Quand on est partis, on avait quarante ans. Ta femme, elle avait quarante ans aussi, et ton fils, vingt ans. Avec la relativité, maintenant ta femme, elle a soixante piges et ton fils quarante. Il a le même âge que toi !

ARMSTRONG : Qu'est-ce que tu racontes...

BRASFORT : Einstein : « L'écoulement du temps n'est pas le même pour deux observateurs qui se déplacent l'un par rapport à l'autre. » On t'a bien prévenu au départ de la NASA.

ARMSTRONG : Jamais de la vie.

BRASFORT : Je suis tranquille que oui. Tu devais être parti pisser quand le moniteur nous a appris ça.

ARMSTRONG : Ben merde alors. Ah, on est vraiment des cobayes...

BRASFORT : Calme-toi. On est des héros de l'humanité. On va être reçus comme des surhommes. On va être riches et célèbres.

On entend un haut-parleur qui crépite. Les

écrans clignotent. Voix métallique.

VOIX : Allô, ici la Terre. Orbite 24, coefficient espace-temps 5238V515. Objet volant non identifié. Décrivez-vous.

BRASFORT : Réponds, Jeannot.

ARMSTRONG : Allô, la Terre ? C'est nous. Vous nous reconnaissez pas, merde ?

VOIX : Donnez des détails.

ARMSTRONG : C'est nous. Jeannot Armstrong et Roger Brasfort. Capsule satellite Sam'suffit. Matricule 39-46. Mission spéciale sur Mars.

VOIX : OK. Vous êtes pris en compte par notre ordinateur. Préparez-vous à entrer dans la stratosphère. R.O.G.E.R.

ARMSTRONG : R.O.G.E.R. Bon. On est en pilotage automatique. Maintenant c'est à eux de jouer.

Il se lève et s'étire. L'autre se masse les cuisses. Le

Martien rampe sur les commandes de pilotage. Ses petits tentacules s'enroulent autour des boutons et des manettes.

BRASFORT : Eh, touche pas à ça, le Martien. C'est pas le moment d'inverser les commandes.

ARMSTRONG : Arrête de l'engueuler. Tu le fais pleurer.

BRASFORT : Où tu vois qu'il pleure, toi ?

ARMSTRONG : Y a des gouttes sur le programmateur.

BRASFORT : C'est pas des gouttes. C'est une flaque. Il a pissé, oui. Viens ici, toi, le Martien.

Il essaie d'attraper le Martien qui s'échappe visqueusement.

ARMSTRONG : Dis donc, ce qui m'inquiète, c'est qu'ils nous ont pas reconnus tout de suite, sur la Terre. J'ai peur qu'on soit pas accueillis comme des héros de l'humanité.

BRASFORT : Qu'est-ce qui se passe ? On tourne. On change de cap !

ARMSTRONG : Merde. C'est pas normal, ça. On devrait être en automatique.

BRASFORT : C'est l'autre taré de Martien. Il touche à tout. Il tripote tout. Il a tout inversé.

ARMSTRONG : Pas touche. Sage. Pas touche.

BRASFORT : Attrape-le...

Le Martien s'échappe en gluant (du verbe gluer).

ARMSTRONG : J'y arrive pas. Il est trop gluant.

BRASFORT : Attends, je vais lui faire peur avec ma ceinture.

Il retire sa ceinture et s'en sert comme d'un dompteur avec son fouet.

BRASFORT : Allez, viens ici, le Martien.

ARMSTRONG : Viens, le Martien... Viens, petit Martien.

BRASFORT : Ici, le Martien. Saloperie, va. Le Martien, ici, au pied !

ARMSTRONG : Attends, je vais le rabattre.

Armstrong passe de l'autre côté de la cabine. Il se plie en deux et tente de pousser le Martien vers son collègue, comme les poules dans une basse-cour.

ARMSTRONG *(imite la poule)* : Co co co co...

Le Martien repte sur le sol (du verbe repter de l'adjectif latin reptile).
Il donne un coup de tentacule dans un vase d'une grande laideur qui se trouvait dans un coin.

ARMSTRONG : Ah, merde ! Le vase que j'avais ramené pour ma belle-mère. Il me l'a cassé.

BRASFORT : Oh, avec la relativité, ta belle-mère, ça doit bien faire dix ans qu'elle a cassé sa tige, hein... Ah, l'enfoiré, il m'a mordu !

ARMSTRONG : Ça y est, je l'ai. Essaie de le tenir une minute, je vais lui foutre une laisse.

BRASFORT : Ah, non, non, tu te débrouilles, c'est ton Martien. Moi, j'y touche pas...

Armstrong prend le Martien comme un petit chien qui a fait une bêtise. Il le tient devant lui pour le gronder.

ARMSTRONG : Tu as cassé mon vase, hein le Martien... Tu as cassé mon vase, tiens...

Il lui donne quelques petites tapes, comme à un chiot.

BRASFORT : Quelle idée aussi d'aller sur Mars pour ramener un vase !

ARMSTRONG : Oh, toi, évidemment, tu n'as aucun sens de la famille. Et toi, le Martien, tu ne touches plus à rien... Compris... Oh, regarde-le, il me caresse, maintenant.

BRASFORT : Ah, ouais. Il est affectueux avec toi.

ARMSTRONG : Il met ses petits tentacules autour de mon cou.

BRASFORT : Il est pas rancunier, au moins.

ARMSTRONG : Oh... Il m'embrasse.

BRASFORT : Beurk !

ARMSTRONG : Oh, non... C'est pas désagréable.

BRASFORT : Oh, dis donc, il te laisse des traces de rouge à lèvres vert. T'as vu les marques que t'as ?

ARMSTRONG : Ça s'en va ?

BRASFORT : Non, elle va être contente, ta femme.

ARMSTRONG : Ça se voit beaucoup ?

BRASFORT : Dis donc, tu sens rien ? Partout où il t'a touché, t'es tout vert.

ARMSTRONG : Non, je sens rien. Mais c'est bizarre qu'il m'embrasse comme ça.

BRASFORT : C'est peut-être une Martienne, mon vieux !

ARMSTRONG : Oh, oui. C'est une Martienne, c'est sûr. Elle me caresse. C'est agréable...

Armstrong est couché sur le poste de pilotage, la Martienne le couvre et le tentaculise.

BRASFORT : Eh... Te laisse pas faire.

ARMSTRONG : Ah, je peux plus bouger. Ça me paralyse.

BRASFORT : Fais un effort, merde ! Dégage-toi. Je peux pas diriger le vaisseau tout seul, moi. C'est toi le pilote.

ARMSTRONG : Oh, elle m'a glissé un truc dans l'oreille... Aide-moi à me dégager. Attrape-la à bras-le-corps.

BRASFORT : A bras-le-corps. Mon cul, oui. Je veux pas devenir tout vert, moi.

ARMSTRONG : Aide-moi, salaud !

BRASFORT : Non, non... T'as voulu un Martien souvenir, tu l'as. C'est ton problème. Dis donc, t'es devenu complètement vert maintenant...

ARMSTRONG : Ah, c'est bon, c'est bon.

BRASFORT : Jeannot... Tes cheveux.

ARMSTRONG : Quoi ?

BRASFORT : Ils sont tombés. T'as le crâne tout vert et t'as plus un cheveu... Et tes oreilles.

ARMSTRONG : Quoi, mes oreilles ?

BRASFORT : Elles sont tombées aussi, tes oreilles. Oh ! la la ! ça aussi.

ARMSTRONG : Quoi ? Qu'est-ce qui est tombé aussi ?

BRASFORT : Non, non, regarde pas par terre.

ARMSTRONG : Pourquoi ?

BRASFORT : Je veux pas que tu regardes. Mais dis donc, tu te transformes ! Mais, ma parole !

Tu mutes, Jeannot... Tu mutes.

ARMSTRONG : Je peux plus bouger. J'ai les articulations qui se bloquent.

BRASFORT : T'as pas que ça, mon pauvre vieux.

ARMSTRONG : Qu'est-ce que j'ai, Roger, dis-le-moi.

BRASFORT : Ben, tu mutes Jeannot. Tu mutes de plus en plus. Tu commences vraiment à lui ressembler. Tu deviens martien, Jeannot.

ARMSTRONG : Roger, me laisse pas tomber.

BRASFORT : Ah, moi, je peux rien faire. Je veux pas te toucher. Ça me fout les jetons. J'ai pas envie de muter, moi. Surtout qu'on est pas loin !

Brasfort regarde par le hublot.

BRASFORT : Dis donc, Jeannot, on approche de la Terre. Je vois ta femme sur la piste.

ARMSTRONG : Je veux pas rentrer sur Terre.

BRASFORT : Comment, tu veux pas rentrer ? Encore un tour et on va se poser. Et on va te soigner. T'inquiète pas.

ARMSTRONG : Je veux pas rentrer. Je veux repartir avec ma Martienne. Avec ma petite Martienne chérie...

BRASFORT : Déconne pas, Jeannot, on arrive.

ARMSTRONG : Allez, on inverse la poussée et on repart.

BRASFORT : Eh, mollo. Je veux pas repartir, moi..

ARMSTRONG : Si, viens avec nous. Tu vas voir comme c'est bien, Roger. Allez, aide-moi, la Martienne...

Jeannot, le nouveau Martien, et la Martienne sautent sur Roger et le maintiennent. Celui-ci commence à devenir vert. (Pour la réalisation, je vous dis pas comme on va se faire chier. Note de Jean Yanne.)

BRASFORT : Laissez-moi... Lâchez-moi...

ARMSTRONG : Oh, Roger, regarde. Elle fait déjà des tas de petits. Dis donc, c'est du rapide. Y a plein de petits Martiens partout.

En effet, y en a.

ARMSTRONG : Allez, les enfants, du calme !

BRASFORT : Eh, ils me montent sur la tête. Eh, dis-leur de se calmer. Après tout, c'est tes gosses, merde !

ARMSTRONG : Allez, les petits... Tout le monde au lit... Eh, dis donc, Roger, toi aussi, tu mutes !

BRASFORT : Non, je veux pas... Je veux pas devenir martien.

ARMSTRONG : Laisse-toi faire. Tu vas voir, c'est délicieux.

BRASFORT : Jeannot, on va bientôt se poser. Les Terriens, ils vont croire qu'on est des vrais Martiens, ils vont nous tuer.

Armstrong : Mais non... Attends, j'appuie sur deux ou trois boutons... Là, on repart dans l'autre sens. On va être heureux, Roger.

Brasfort : Mais Jeannot, on n'a qu'une Martienne pour deux.

Armstrong : Mais les petits vont grandir.

Brasfort : C'est horrible ce que tu dis.

Armstrong : Non. Il faut plus penser terrien, Roger. Il faut penser... Glup.

Brasfort : Quoi ?

Armstrong : Il faut GLUP, penser BIP, mar, BLOUP, tien.

Brasfort : Oui. Effec BIP, tive, GLUP, ment, GLUP.

Armstrong : GLOUP, BIP.

Brasfort : GLIP, BOUP, BLUP.

Dans la capsule qui va vers Mars, il n'y a plus qu'une grosse masse verte gélatineuse qui fait des bulles.

Les moustiques *

Gégé : Dany Cowl
Jeannot : Daniel Prévost

Deux moustiques sont sur un parasol. Ils regardent la plage. Elle est noire de monde.

Gégé : Eh... Jeannot.

Jeannot : Ouais.

Gégé : T'as vu. Ils sont tous arrivés. La plage est noire de monde.

Jeannot : On va s'en faire quelques-uns ?

Gégé : Ouais. Je commence à avoir une petite faim.

Jeannot : En escadrille ?

Gégé : En piqué, comme Superman.

Les moustiques foncent. Trucage, ils survolent la plage, comme Superman, en effet.

GÉGÉ : Quel temps aujourd'hui !

JEANNOT : T'as raison. Dans toute ma vie de moustique, j'ai jamais vu un soleil pareil.

GÉGÉ : Oh... T'as vu la plage ? Ils sont serrés comme des sardines.

JEANNOT : Oh, dis donc, toute cette viande blanche !

GÉGÉ : Ah, mais c'est vrai qu'on est à Pampelone. Ils sont tous à poil.

JEANNOT : Quel panard ! Comme ça on peut piquer où on veut. Y a pas de limite.

GÉGÉ : Ben, tu commences ou je commence ?

JEANNOT : On tire à pile ou face.

GÉGÉ : Ils sont des milliers. On va pas s'emmerder à

tirer à pile ou face, on fonce dans le tas.

JEANNOT : Non, justement parce qu'ils sont des milliers, on va pas foncer dans le tas. On peut se permettre de choisir.

GÉGÉ : T'as raison... Voyons voir... Oh, le gros là-bas qui se passe de l'huile.

JEANNOT : Ah, j'aime pas l'huile solaire, c'est dégueulasse, t'en as plein la trompe.

GÉGÉ : Ah, je déteste pas...

JEANNOT : Ah, t'es un vicieux toi. T'es le genre moustique pervers.

GÉGÉ : Non, mais j'aime bien les trucs gras.

JEANNOT : Tu sais ce que j'aime, moi ? Quand c'est tout rouge. Quand le mec a pris un coup de soleil.

GÉGÉ (*il rigole*) : Ah ouais. J'aime bien aussi. Le mec, tu le piques. Il veut t'écraser, il se fout une baffe sur son coup de soleil, ça lui fait deux fois plus mal...

JEANNOT (*il hurle de rire*) : Ah, c'est bien, c'est bien... C'est rouge, ça fait une cible. Tu fonces, tu piques... Paf, ça devient tout blanc à l'endroit où t'as piqué. Et là tu vois ton œuvre. Au milieu du rouge, tu vois le blanc.

GÉGÉ : Ah, t'es marrant, toi ! quand tu piques, après tu regardes où t'as piqué ! Alors, remarque, t'as raison, ça double le plaisir. T'es un malin.

JEANNOT : Un peu. Tu sais comment on m'appelle, moi ?

GÉGÉ : Non.

JEANNOT : Grosse cloque.

GÉGÉ : Quoi, c'est toi, grosse cloque ?

JEANNOT : Je veux ! Je suis le roi de la cloque. Bon, on y va.

GÉGÉ : OK. Regarde le gros qui se passe de l'huile. Tu vas voir le travail. Je le pique à l'épaule gauche. Tu me suis ?...

JEANNOT : Ouais.

GÉGÉ : Il veut m'écraser avec sa main droite. Pour frapper son épaule gauche, il lâche sa bouteille d'huile, et à tous les coups, elle tombe sur le casse-croûte du môme !

Ils rigolent.

JEANNOT : Ah, c'est grand, ça ! Attends, je vais avec toi. Tu piques le gros huileux à l'épaule gauche, et pendant qu'il essaie de t'écraser, moi je le pique sous l'aisselle droite.

GÉGÉ : Ah ouais, c'est bien.

JEANNOT : Et comme il veut m'écraser aussi, il lève le bras droit et il fout son coude dans le blair à sa gonzesse...

GÉGÉ : Qui se relève d'un bond sans comprendre et qui marche sur la bouteille d'huile.

JEANNOT : Et qui glisse, et qui tombe sur le môme.

GÉGÉ : Qui lâche sa tartine qui tombe dans le sable.

JEANNOT : Du côté du beurre... quel pied !

GÉGÉ : Bon, allons-y.

Ils volent au-dessus des gens.

JEANNOT + GÉGÉ : Bzz Bzz Bzz Bzz...

On voit les moustiques atterrir sur le dos d'un gros mec huilé.

GÉGÉ : Pas de bruit. Tu vois, c'est bon sur le gras.

JEANNOT : Vas-y, Gégé.

GÉGÉ : Attention, je pique !

Il pique et s'envole.

JEANNOT : À moi...

Il s'envole également.
On voit vaguement un corps de gros huilé bouger.
Et l'on retrouve les deux moustiques qui regagnent leur parasol.

GÉGÉ : Eh... regarde, Jeannot, ça a marché. Le môme il chiale. Il a lâché son casse-croûte dans le sable.

JEANNOT : Oh, la bonne femme, elle saigne du pif.

GÉGÉ : Ah, je suis content de travailler avec toi...

JEANNOT : Dis donc, il faut pas les lâcher ceux-là...

GÉGÉ : Regarde, ça fait marrer les gens d'à côté.

JEANNOT : Dis donc, si on allait piquer le gosse ?

GÉGÉ : OK. Fesse de gauche ou fesse de droite ?

JEANNOT : Comme tu veux.

GÉGÉ : Bon, je prends la gauche. Allez. Formation serrée.

On voit les moustiques s'envoler. Ils foncent dans la caméra.
On entend un hurlement de gosse.
Et l'on voit revenir les deux moustiques sur le parasol.

GÉGÉ : Ça a encore marché.

JEANNOT : Regarde le petit con. Il hurle.

GÉGÉ : Ben tiens, il souffre. Oh, sa mère lui fout une fessée...

JEANNOT : Et le père qui met une tarte à la mère !

GÉGÉ : Eh... le voisin qui tape le père parce qu'il a battu sa femme.

JEANNOT : Ça y est, ils se tapent tous sur la gueule. Oh, elle est bien, cette plage, qu'est-ce qu'on se marre !

GÉGÉ : Dis donc, tu vois le prof de gym là-bas... Le grand baraqué. J'ai envie de me le faire.

JEANNOT : Fais gaffe, c'est souvent des mecs qu'on fait parachutistes, ces types-là, c'est des rapides.

GÉGÉ : Je me le fais vite fait, en passant. Après on retourne sur le gros. Je vais le piquer sur la joue, ça lui fera un gros bouton.

Gégé s'envole. On reste sur Jeannot qui suit la manœuvre de son pote. Il a l'air inquiet. Gégé revient.

JEANNOT : Dis donc, tu l'as échappé belle.

GÉGÉ : Ouais. Il a failli m'avoir, le salaud ! T'as vu la cloque ?

JEANNOT : Magnifique. J'aurais pas fait mieux. Bon, à moi. Je vais piquer la grosse là-bas...

GÉGÉ : Où ça ?

JEANNOT : Sur les nibards.

Il s'envole. À l'inverse de précédemment, on reste sur Gégé qui suit, inquiet, la trajectoire de Jeannot. Puis on entend une claque. Et la petite voix de Jeannot.

JEANNOT : Gégé... Elle m'a eu... Je vais caner.

GÉGÉ : J'arrive, Jeannot. Tiens bon.

JEANNOT : Non, ne viens pas. Elle est très rapide. Elle a dû faire l'Afrique.

GÉGÉ : Je vais te venger.

On voit Gégé qui décolle. On le retrouve en train d'atterrir sur une peau de dos de grosse dame. À côté de Jeannot à moitié écrasé.

GÉGÉ : Je vais te venger, Jeannot. Je vais piquer cette grosse vache.

JEANNOT : Non va-t'en. C'est dangereux.

GÉGÉ : T'en fais pas.

Il pique. On voit une masse s'abattre sur Gégé et on entend une claque retentir.

GÉGÉ : Ah, Jeannot, elle m'a eu aussi. Je meurs, Jeannot.

JEANNOT : Moi aussi, Gégé, je meurs. Je suis couvert d'ambre solaire.

GÉGÉ : Adieu, Jeannot.

JEANNOT : Adieu, Gégé. On meurt, mais ça fait rien, on s'est bien marré.

GÉGÉ : C'étaient quand même des sacrées vacances.

On entend des râles.
Noir.

École anticrime n°1 *

Chef : Daniel Prévost
Narpi : Christian Pereira
Mourmelingue : Luis Rego
Ginette : Olivia Brunaux

Un commissariat bien franchouillard, tables, chaises, classeurs assez bas. C'est là qu'ont lieu les cours pour les élèves inspecteurs.
Deux élèves attendent, Ginette et Mourmelingue.
Le chef instructeur entre, il a un sac plastique Prisu plein de bouteilles.

Chef : Bonjour. Tout le monde est là ? Aujourd'hui, nous allons voir...

Entre Narpi, en retard.

Narpi : Salut, Ginette.

CHEF : Aujourd'hui, nous allons étudier le comportement...

NARPI : Salut, Mourmelingue. Ça va ?

CHEF : Dites donc, vous n'allez pas dire bonjour à tout le monde !

NARPI : C'est fait, chef. Y a plus personne. Salut, chef.

CHEF : Salut. Soyez attentifs. Vous savez que l'examen a lieu à la fin du mois. Alors je reprends. La leçon d'aujourd'hui va nous permettre d'étudier le comportement du policier dans les lieux publics.

NARPI : C'est quoi, un lieu public, chef?

CHEF : Un lieu public, c'est un lieu qui reçoit du public. Ça va du débit de boissons à la banque, en passant par le métro ou le cinéma. Partout où il y a du public.

NARPI : Le commissariat, c'est un lieu public, chef?

CHEF : Le rez-de-chaussée, oui. Bon. Dans un lieu public, il peut y avoir des gens qui ont un comportement bizarre.

MOURMELINGUE : Mon père il a ça, chef.

CHEF : Quoi ?

MOURMELINGUE : Ce que vous avez dit, là. Un comportement bizarre. En tout cas, c'est ce qu'ils ont dit à l'hôpital.

CHEF : Ici, il ne s'agit pas de votre père. Donc, il peut arriver que vous croisiez, dans un lieu public, des gens qui ont un comportement bizarre. Dans ce cas...

MOURMELINGUE : Il faut leur faire de l'électricité dans la tête.

CHEF : De l'électricité dans la tête ! D'où vous sortez ça ?

CHEF : Mon père, chef. À l'hôpital ils ont dit : « On va lui faire de l'électricité dans la tête. » Parce qu'il avait un comportement bizarre.

CHEF : Bon. On s'en fout de votre père. Nous sommes ici pour étudier les cas généraux.

MOURMELINGUE : Ah, bon. Ben mon père il est pas général, ça c'est sûr.

CHEF : Vous allez la boucler, oui ! Alors, lorsque vous rencontrez dans un lieu public des gens qui ont un comportement bizarre, qui sont énervés, agités, excités, en tant que représentants de l'ordre, vous êtes là pour les calmer. En cas de débordement, vous réprimez. Mais retenez bien cela : « On ne réprime pas avant d'avoir tout fait pour calmer. » C'est bien clair ?

TOUS : Oui.

CHEF : Bon. Ce matin, en travaux pratiques, nous allons étudier le café.

GINETTE : Le marc de café, chef ?

CHEF : Non, le café, en tant que lieu public. Le bistrot, si vous préférez. Alors, mettons les deux classeurs, là, pour faire le comptoir. Mourmelingue, vous êtes devant le comptoir. Vous faites le client qui a un peu bu, mais qui n'est pas saoul.

Le chef prend les bouteilles qui sont dans le sac Prisu et les distribue sur les classeurs.

CHEF : Narpi, vous allez faire le jeune inspecteur qui sort du commissariat et qui va boire un coup avant de rentrer chez lui.

NARPI : Oh, non, chef ! Je vais jamais au bistrot avant de rentrer chez moi, parce que ma femme, elle travaille à la Préfecture, elle a piqué des ballons, et elle me fait souffler.

CHEF : Narpi, vous êtes en train d'apprendre votre métier en simulant les situations.
Vous simulez. C'est compris ?

NARPI : Compris.

CHEF : Donc, vous rentrez au bistrot...

NARPI : Non, chef. Même quand je simule je vais jamais au bistrot parce que ma femme...

CHEF : Ça suffit, Narpi. Vous faites comme si. Vous faites semblant. Alors vous rentrez au bistrot.

NARPI : Je peux prendre un jus de fruit ?

CHEF : Vous prenez ce que vous voulez. Bon, Ginette, vous faites la serveuse.

GINETTE : Chef, je peux pas faire une cliente ? Parce que... quand on va bientôt devenir inspectrice, on n'a pas envie de jouer les larbins.

CHEF : Mes chers élèves, mes chers enfants... vous n'avez pas encore passé vos examens, et pour vous y préparer, nous devons passer en revue toutes les situations que vous rencontrerez au cours de votre carrière... Je suis là pour vous éduquer...

Il s'énerve, il prend une bouteille par le goulot et la casse sur le bureau.

CHEF : Et quand je dis « Ginette tu feras la serveuse », Ginette fait la serveuse. C'est enregistré, ça ?

GINETTE : Bien, chef. Bien, chef. Qu'est-ce que ça sera pour vous, chef ?

CHEF : Bon, allons-y, on commence. Allez, Mourmelingue, faites le client...

MOURMELINGUE : Bien chef. Qu'est-ce que je bois. Un pastis ?

CHEF : Vous buvez ce que vous voulez.

MOURMELINGUE : S'il vous plaît, mademoiselle, un pastis.

Elle le sert. Il boit.

MOURMELINGUE : S'il vous plaît, un pastis encore, s'il vous plaît. (*Au chef :*) Ça va comme ça, chef, je suis assez méchant ?

CHEF : Faut pas que vous soyez méchant tout de suite.

MOURMELINGUE : Ah bon (*il vide son verre*) eh... mademoiselle, un autre...

GINETTE : Déjà ? Tenez !

MOURMELINGUE (*se tournant vers Narpi*) : Alors, ça va, petit con de flic ?

NARPI : Chef, vous avez vu, il m'a reconnu, il m'a dit que j'étais un petit con de flic !

CHEF : C'est une faute. Mourmelingue, vous, vous jouez un client qui a un peu bu. Narpi, lui, joue un flic en civil qui rentre chez lui, vous ne savez pas qu'il est inspecteur de police. Vous ne le connaissez pas. Réagissez en tant que civil. Comme si vous étiez un voyageur de commerce, ou un ouvrier maçon. Allez, on recommence.

MOURMELINGUE : S'il vous plaît, mademoiselle, un pastis pour moi, et vous donnez ce qu'il veut au gars d'à côté que je ne connais pas...

CHEF : Mais vous n'avez pas à lui offrir quoi que ce soit ! Vous faites un ouvrier maçon.
Vous n'avez aucune raison d'offrir à boire à tous les gens que vous rencontrez.

MOURMELINGUE : Ah, bon. Pourquoi, chef ?

CHEF : Parce que vous jouez un ouvrier maçon radin. Là. Allez, recommencez.

MOURMELINGUE : Un autre pastis, mademoiselle, et rien pour le mec (*il regarde Narpi*). Je vous offre rien parce que le chef m'a interdit de vous offrir quelque chose.

CHEF (*épuisé*) : Mais il est pire qu'un gendarme, ce con de flic ! Mourmelingue, je vous répète que vous ne connaissez pas Narpi !

MOURMELINGUE (*commence à être beurré*) : Mais si je connais Narpi. C'est mon copain de promotion.

CHEF : Nous faisons un exercice de simulation. Vous ne connaissez pas Narpi. Vous êtes un client qui a bu et qui risque de faire de l'esclandre, c'est compris !

MOURMELINGUE : Et Ginette, je la connais ?

CHEF : Ginette, oui !

MOURMELINGUE : Eh, Ginette, un pastis, sinon je casse tout.

NARPI : Chef, il sait pas que la serveuse elle s'appelle Ginette...

CHEF : Taisez-vous. Continuez, Mourmelingue.

MOURMELINGUE : Un pastis, ou je casse tout !

GINETTE : Qu'est-ce que je fais, chef ? Il a dit qu'il cassait tout. C'est une menace.

CHEF : Non, non, c'est seulement verbal. Vous le servez, mais vous essayez de le modérer...

GINETTE : Écoutez, monsieur, c'est le huitième pastis que je vous sers en dix minutes. Ça commence à faire beaucoup !

MOURMELINGUE : Eh toi, la grosse. Tu t'écrases sinon je te mets deux taquets dans la gueule !

CHEF (*doucement*) : Eh, Narpi, vous intervenez...

NARPI : J'interviens, chef ? J'interviens ?

CHEF : Oui, c'est l'exemple idéal. Il n'y a pas encore eu de violence, mais ça commence à chauffer.

NARPI : Monsieur, je vous prie d'être poli. Que vous mettiez deux baffes dans la gueule à cette serveuse, passe encore, mais vous pourriez lui dire mademoiselle. (*Au chef :*) Ça va, chef, comme intervention ?

CHEF : Ça n'est pas très musclé.

NARPI (*il dégaine en hurlant*) : Alors haut les mains, fumier ! Haut les mains. Allez bois ton pastis et je te descends après !

MOURMELINGUE (*débeurré brusquement*) : Eh, chef ! Vous avez vu ce qu'il me fait ? (*À Narpi :*) T'es pas marteau, non ? T'es jobard ou quoi ? Ginette, donne-moi un autre pastis. Faut que je boive un coup pour me remettre de ce que je viens de voir...

CHEF : On se calme... Narpi, c'est pas possible. On va inverser les rôles. Narpi, vous allez faire le consommateur, éméché et Mourmelingue va faire l'inspecteur incognito. Allez, on y va...

NARPI (*imitant Mourmelingue*) : Eh toi, la grosse pétasse, tu me sers à boire, oui ou non ?

MOURMELINGUE (*il lui donne une claque*) : On ne traite pas une gonzesse de pétasse devant moi !

NARPI : De quoi que tu te mêles, petit flic de mes deux.

Il sort son pétard et tire.

MOURMELINGUE : Mais il me tire dessus, ce con-là. Je vais t'apprendre à viser, moi, poulet de merde.

Ginette sort son pétard.

GINETTE : Mais ils vont nous faire prendre une balle dans la gueule, ces tocards-là. Je vais vous en coller une, de praline, moi...

Le chef sort son flingue et tire en l'air.

CHEF : Arrêtez... Arrêtez, bon Dieu. C'est une simulation... On fait semblant... Arrêtez ou je vous flingue... Tous autant que vous êtes, bande de merdeux.

On continue à entendre des injures, une épaisse fumée monte et envahit l'écran sur lequel on peut lire :

« Cette séquence rend hommage à la Police nationale qui n'hésite pas à entraîner ses hommes dans les conditions les plus difficiles afin d'éviter les bavures du futur. »

École anticrime n° 2 *

Chef : Daniel Prévost
Narpi : Christian Pereira
Mourmelingue : Luis Rego
Ginette : Olivier Brunaux

Le commissaire Franchouillard,
Le chef,
Narpi,
Mourmelingue,
Ginette.

Chef : Tout le monde est là ?

Narpi : Ouais. Salut, chef. Salut, Ginette.

Chef (*à Narpi*) : Bon, je peux m'exprimer ?

Narpi : Oui. Pardon, chef. Je disais bonjour à Ginette parce que c'est la plus belle femme de la classe.

GINETTE : Merci, Narpi.

NARPI : De rien, Ginette.

Entre Mourmelingue.

MOURMELINGUE : Salut, chef. Salut, Rambo. Salut, Ginette.

CHEF : Bon, vous avez fini, oui ?

MOURMELINGUE : Excusez, chef. Je disais bonjour à Ginette...

CHEF : Parce que c'est la plus belle femme de la classe...

MOURMELINGUE : Non. Parce que je la connais. Pas vrai, Ginette ?

CHEF : Ça suffit. Votre examen aura lieu dans moins d'un mois. Gardez bien ça en tête. Aujourd'hui, notre entraînement par simulation va porter sur un sujet délicat. Nous allons aborder le viol, et tout particulièrement le viol en automobile. Une femme au volant de sa voiture s'arrête à un feu rouge. Un individu en profite pour sauter dans la voiture et essaie de violer la conductrice.

MOURMELINGUE (*il hurle de rire*) : Ah... il faut qu'il fasse vite, chef... faut qu'il soit fort le mec...

CHEF : Pourquoi, Mourmelingue ?

MOURMELINGUE : Parce que le temps qu'il ouvre sa braguette, qu'il saute sur la bonne femme et qu'il commence à lui faire son affaire, le feu rouge, il passe au vert et avec les voitures qui klaxonnent derrière, le viol, il est mal barré...

CHEF : Mourmelingue ! D'abord, je n'ai pas dit l'individu « viole » la conductrice, mais « essaie de violer ». Ensuite, le feu rouge n'a rien à voir avec l'affaire. Disons que, pour une raison quelconque, une femme est immobilisée dans sa voiture et qu'un individu y pénètre pour tenter de la violer. C'est clair, dans votre esprit ?

TOUS : Ouais... Ouais...

CHEF : Avant que nous commencions la séance de simulation, pas d'autres questions ?

NARPI : Chef, est-ce que je peux faire le violeur ?

CHEF : Oui... Enfin... Pourquoi ?

NARPI : Ça me plairait, c'est vrai, avec ma femme, j'ai pas mal de problèmes. Alors, pour une fois...

CHEF : Non. Je ne pense pas que vous ayez l'étoffe d'un violeur.

MOURMELINGUE : Alors c'est moi, c'est moi qui le fais... chef.

CHEF : Forcément, il n'y a plus que vous.

MOURMELINGUE : Oh, Ginette, Ginette tu vas voir... Tu vas voir.

GINETTE : Ouais, si je comprends bien, c'est moi qui fais la violée ?

CHEF : Ben oui. Statistiquement y a plus de femmes que d'hommes qui se font violer. C'est comme ça. C'est pas moi qui fais les sondages.

GINETTE : Bon... Bon...

CHEF : Alors, distinguons bien et précisons bien les rôles. Narpi, comme représentant de l'ordre, vous êtes là pour éviter, empêcher le viol. Mourlemingue, vous êtes là pour essayer de violer. Une précision importante, compte tenu des réactions que vous avez habituellement lorsque nous faisons des exercices de simulation. Vous essayez de violer. Vous ne violez pas, compris ? Bon. Prenez des chaises pour faire la voiture.

Ils font une voiture avec des chaises.
Mourmelingue place la chaise qui sera le siège de la conductrice.

MOURMELINGUE : Allez. Assieds-toi, ma poule.

CHEF : Mourmelingue, pas de familiarité. Vous ne la connaissez pas. Allez, asseyez-vous, Ginette, et faites la conductrice.

Ginette s'assied et fait semblant de conduire.

NARPI : Et moi, chef, qu'est-ce que je fais ? Le feu rouge ?

CHEF : Vous attendez que la tentative de viol ait lieu pour porter aide et assistance à la victime. Bon. Allez, on y va. Allez-y, Mourmelingue. Entrez dans la voiture, voyons !

Mourmelingue fait semblant d'entrer dans la voiture, et, très play-boy, il dit :

MOURMELINGUE : Alors, Ginette. Ça va ? Allez, écrase... toi le joufflu. Et écarte les cuisses que je te fasse reluire.

CHEF : Mourmelingue... Franchement. Est-ce que vous savez ce que c'est que le viol ?

MOURMELINGUE : Ben...

CHEF : Et vous, Narpi ?

NARPI : Pas vraiment.

CHEF : C'est bien ce que je craignais. Le viol est une relation sexuelle imposée par la contrainte. En fait, tout individu qui pénètre un autre individu sans son consentement est un violeur.

MOURMELINGUE : Chef, si je mets mon doigt dans le nez de Narpi, c'est un viol ?

CHEF : Oh ! la la !... Aucun d'entre vous n'a la moindre idée de ce qu'est le viol ?

NARPI : Ben, chef, il faut dire que c'est pas souvent qu'on voit quelqu'un avoir des relations sexuelles avec quelqu'un qui veut pas. Moi, à part mon père avec ma sœur, franchement... j'ai pas vu ça souvent.

CHEF : Bon, nous nous éloignons de notre cours. Reprenons, Mourmelingue, vous êtes le violeur. Vous montez dans la voiture.

MOURMELINGUE : Bonjour, madame.

CHEF : Mais non, Mourmelingue, vous n'êtes pas dans une boulangerie ! Vous êtes comme fou, assoiffé de désir. Recommencez...

MOURMELINGUE : Salut la grosse. Je suis assoiffé de désir. Alors roule ! Première à gauche, deuxième à droite, encore à droite et... stop. Je vais te sauter derrière la gare.

Il lui met la main sur les seins.

GINETTE : Arrête, Mourmelingue, n'en profite pas ! Vire tes grosses pattes, pasque moi j'vais te tordre les...

CHEF : Ginette, nous sommes en train de simuler pour mettre au point la technique que les officiers de police doivent utiliser pour lutter contre les violeurs. Donc, vous, qui faites la violée, devez avoir une attitude faible, frêle, soumise et effrayée.

GINETTE : Eh, chef, je voudrais vous y voir en train

de vous faire peloter par ce taré.

MOURMELINGUE : Quoi ? Taré, moi ?

CHEF : Assez ! Votre examen est dans un mois. Alors vous faites ce que je vous dis ou je vous colle un triple zéro pointé et vous vous retrouvez à faire la circulation rue de Bièvre où il passe jamais personne. Alors, Mourmelingue recommençons. Entrez dans la voiture et essayez de la violer.

Mourmelingue s'assied sur la chaise et met sa main sur la bouche de Ginette.

MOURMELINGUE : Allez, bouge pas. T'as pas intérêt à mouffeter, sinon...

CHEF : Allez, Narpi, c'est à vous.

NARPI : Comment ?

CHEF : C'est à vous, intervenez !

NARPI : Ah, bon. (*Il frappe au carreau* :) Toc toc, bonjour, messieurs, dames, excusez-moi de vous déranger, c'est moi l'inspecteur Narpi, qu'est-ce que vous faites ?

CHEF : Narpi, un peu de nerf, nom de Dieu. Vous découvrez tout à coup qu'une femme se fait violer sous vos yeux. Votre sang de policier ne fait qu'un tour. Vous sortez votre flingue.

NARPI : Je ne l'ai pas.

CHEF (*excédé*) : Vous n'avez pas à avoir un vrai flingue puisque nous simulons un faux viol avec un faux violeur et une fausse violée dans une fausse voiture. Est-ce que je me fais bien comprendre ?

TOUS : Oui.

CHEF : Bon. Alors tout le monde en place, on recommence. Allez-y !

MOURMELINGUE : Ah, la belle gonzesse. Je vais me la farcir.

GINETTE (*lui fout une baffe*) : Je t'avais prévenu.

NARPI : Toc toc. Qu'est-ce qui se passe ? On viole une nénette là-dedans !

MOURMELINGUE : Eh, Narpi, je suis en train de me farcir une minette. Si tu veux en croquer, t'es le bienvenu.

CHEF : Mais nom de Dieu, est-ce que vous allez comprendre que vous ne vous connaissez pas !

MOURMELINGUE : Ah, pardon, chef.

CHEF : Allez, continuez.

MOURMELINGUE : Ah tu me plais, je te veux.

GINETTE (*fatiguée*) : Non, non, au viol, au viol.

CHEF : Narpi, vous intervenez.

NARPI : Ah, Ginette ! Ben qu'est-ce qui t'arrive ?

GINETTE : Je suis en train de me faire peloter par un gros dégueulasse.

NARPI : Eh, vous, haut les mains.

MOURMELINGUE : Bravo, Narpi. Tu m'as eu.

CHEF (*découragé*) : Oh ! la la !...

Mourmelingue laisse Ginette et se lève.

MOURMELINGUE : Chef, Narpi, il peut pas remplacer Ginette ?

NARPI : Oh, non, chef !

MOURMELINGUE : Chef, ça me dérange un peu de violer Ginette. J'aimerais mieux violer Narpi. Je serais plus à l'aise. C'est un copain, on fait du basket, on prend nos douches ensemble. Et puis ça permettrait à Ginette d'apprendre à arrêter les violeurs.

CHEF : Bon. Je veux bien faire un essai. Bon alors. Asseyez-vous, Narpi. Allez-y Mourmelingue, violez-le...

Mourmelingue se jette sur Narpi.

MOURMELINGUE : Oh, toi... toi...

CHEF : Allez, Ginette, intervenez !

GINETTE : Si ces messieurs veulent bien mettre les mains en l'air...

CHEF : Mais non, Ginette, vous ne pouvez pas dire « messieurs », puisque Narpi joue une femme !

GINETTE : Excusez-moi, chef, mais j'ai du mal à imaginer Narpi en vierge innocente.

CHEF : Il n'y a qu'à le féminiser un peu. Narpi, mettez un foulard sur votre tête.

NARPI : Oh, non, chef !

Ginette prend un foulard et le noue sur la tête de Narpi qui ressemble à une veuve corse.

GINETTE : Bouge pas. Ah, c'est mieux comme ça !

CHEF : Bon, allez. Dernier essai viol.

Mourmelingue se jette sur Narpi.

MOURMELINGUE : Ah, viens là, toi. Tu sais que tu me plais avec tes yeux de braise !

CHEF : À vous, Ginette.

GINETTE : Qu'est-ce qui se passe dans cette voiture ?

NARPI : Au secours, on me viole, inspectrice, on me viole. Aidez-moi.

GINETTE : Ben dites donc, avec la gueule que vous avez, vous faire violer, c'est la seule chance que vous avez de connaître le...

CHEF : Bon Dieu, Ginette, vous êtes censée défendre une pauvre fille attaquée dans sa chair ! Vous n'avez pas à faire de commentaires sur l'aspect physique de la victime !

MOURMELINGUE : N'empêche que si toutes les femmes avaient la tronche de Narpi, c'est sûr qu'il y aurait moins de viols !

NARPI : Et toi, tu crois que t'es fait pour l'amour avec ta gueule en biais ?

CHEF : Ça suffit. On n'a jamais vu une bande de nullards pareille, même pas foutus de simuler un viol, c'est pourtant pas sorcier. Je vais vous montrer. Ginette, mettez-vous dans la voiture.

GINETTE : Mais, chef... c'est Narpi.

CHEF : Non. C'est plus Narpi. C'est moi... c'est moi, le chef.

Le chef se précipite sur Ginette.

CHEF : Ah, je te veux, je t'aurai par la force s'il le faut. Donne-moi ton corps juvénile et ardent.

GINETTE : Non, lâchez-moi, chef, lâchez-moi. Non pas la culotte, pas la culotte.

CHEF : Si, la culotte, bien sûr que si...

NARPI : Ah, vous le faites bien, chef.

MOURMELINGUE : Ça oui, on voit bien que vous êtes chef, chef.

CHEF : La petite culotte en soie sauvage, sur la petite sauvage en culotte...

GINETTE : Au secours, Narpi, Mourmelingue, au viol, au viol...

Dans un bruit horrible de viol et d'action sexuelle intense, un panneau s'inscrit :

« Cette séquence rend hommage à la Police nationale qui n'hésite pas à entraîner ses hommes dans les conditions les plus difficiles afin d'éviter les bavures du futur. »

École anticrime n° 3 *

Chef : Daniel Prévost
Mourmelingue : Luis Rego
Narpi : Christian Pereira
Ginette : Olivia Brunaux

Le commissariat-salle de classe.
Le chef,
Narpi,
Mourmelingue,
et la belle Ginette.

Chef : Mes chers enfants, aujourd'hui nous allons étudier...

Mourmelingue : Nous allons quoi, chef?

Chef : Étudier. Vous ne comprenez pas le mot « étudier » ?

Mourmelingue : Non, chef.

CHEF : Bon. Nous allons apprendre, non, « apprendre » ça n'a pas le même sens. Nous allons étudier...

MOURMELINGUE : Nous allons quoi, chef ?

CHEF : Vous n'allez pas dire « nous allons quoi » chaque fois que je vais dire le mot « étudier » ?

MOURMELINGUE : Non, chef.

CHEF : Nous allons donc étudier une situation très simple, que vous serez sans doute amenés à rencontrer dans l'exercice de votre futur métier de policier.

MOURMELINGUE : C'est quoi, chef ?

CHEF : Attendez, j'y arrive.

NARPI : Vous arrivez où, chef ?

CHEF : À la situation que nous allons simuler. Aujourd'hui nous allons simuler le vol d'une mobylette.
Distribuons les rôles. En général une mobylette est

volée par un jeune. Narpi, vous allez faire le jeune. Vous, Mourmelingue, vous ferez l'officier de police qui rentre chez lui et assiste, par hasard, au vol de mobylette et intervient.

NARPI : Et Ginette, chef, elle va faire la mobylette ?

GINETTE : Tu sais ce qu'elle te dit, Ginette ?

CHEF : Ah... Vous n'allez pas commencer, hein ! Ginette va faire la copine du voleur qui fait le pet quand il vole la mobylette.

MOURMELINGUE : Moi, c'est ça que j'aurais voulu faire, chef, le pet. Je suis sûr que pour le pet je suis meilleur que Ginette.

NARPI : Moi j'aimerais mieux faire l'inspecteur qui rentre chez lui, chef. Ça je sais bien le faire, vu que je rentre chez moi tous les soirs...

GINETTE : Moi je veux bien faire la jeune qui vole la mobylette ; d'abord parce que je suis plus jeune qu'eux...

CHEF : Ça suffit ! Vous allez faire ce que je vous ai dit de faire. Et si ça vous plaît pas, c'est pareil ! compris ?

TOUS : Oui, chef.

CHEF : Bon, prenez deux chaises et un tabouret pour faire la mobylette.

TOUS : Oui, chef.

Ils vont chercher les objets et les installent n'importe comment.

CHEF : Non... Non... pas comme ça ! Mettez une chaise devant et une chaise derrière pour faire les roues. Là. Et le tabouret pour faire le cadre. Voilà.

NARPI : Et le moteur ?

CHEF : Quoi, le moteur ?

GINETTE : Eh oui, chef, si on veut que ça soit une mob, il faut mettre quelque chose pour faire le moteur. Parce que deux roues et un cadre sans moteur, c'est un vélo.

NARPI : Et un jeune, il s'emmerde pas à voler un vélo...

MOURMELINGUE : Et un officier de police qui rentre chez lui et qui intervient s'il y a un vol de mobylette, si c'est un vélo, y a pas de raison qu'il bouge.

GINETTE : Faut un moteur, chef.

CHEF : Bon. Prenez l'attaché-case là, pour faire le moteur.

NARPI : Eh... c'est mon attaché-case ! C'est là-dessous que je mets mon imperméable.

CHEF : On va pas vous l'abîmer. Mettez l'attaché-case comme moteur...

Ils le font.

GINETTE : Et le guidon ?

CHEF : Quoi, le guidon ?

GINETTE : Des roues, un moteur et pas de guidon, c'est pas une mobylette, c'est une tondeuse à gazon !

NARPI : Et un jeune, une tondeuse à gazon...

MOURMELINGUE : Et un officier de police qui rentre chez lui...

CHEF : Oui ça va... ça va ! Prenez le portemanteau pour faire le guidon et arrêtez de m'emmerder. C'est clair ?

TOUS : Oui, chef !

Un temps.

GINETTE : Et l'essence ?

CHEF (*qui va éclater*) : Prenez une bière dans le frigo et faites le plein de l'attaché-case.

Mourmelingue va chercher une bière et la verse dans l'attaché-case.

NARPI : Mon attaché-case ! Tout va être mouillé.

CHEF : Ça fait rien puisque c'est pour mettre votre imperméable.

Un temps.

MOURMELINGUE : Chef. Et l'antivol ? Faut qu'il y ait un antivol, chef. Parce que sans ça l'officier de police qui rentre chez lui, il peut pas se rendre compte qu'on vole la mobylette... Moi, par exemple, sur ma mobylette...

CHEF : Quoi, sur votre mobylette ? Vous avez une mobylette, vous ?

MOURMELINGUE : Bien sûr, chef. Elle est dehors, sur le trottoir. Et elle a un antivol, c'est pour ça que je vous dis...

CHEF : Ce que vous me dites pas, c'est que vous avez une mobylette et qu'on s'emmerde depuis une demi-heure à en faire une fausse avec des chaises et un portemanteau. Allez chercher votre mobylette...

MOURMELINGUE : D'accord, chef. Ça sera peut-être un peu long parce que j'ai deux antivols.

CHEF : Oui, allez, allez.

MOURMELINGUE : Tout de suite, chef. Je ferais n'importe quoi pour mon chef quand il est dans ses besoins.

Mourmelingue sort.

NARPI : Qu'est-ce qu'il a voulu dire quand il a dit dans ses besoins, chef ?

CHEF : Bon. Reprenons donc. Narpi est le jeune voleur et Ginette sa copine.

NARPI : On est français, chef ?

CHEF : On s'en fout. Oh, je vous vois venir. Essayez pas de me faire passer pour un vieux raciste, hein !... Il s'agit pas de savoir si vous êtes noir, jaune, arabe ou belge, hein !... Vous êtes jeune, un point c'est tout.

GINETTE : Vous avez raison, chef. Jeune, c'est déjà une sale race en soi.

CHEF : Donc, la mobylette est là... qu'est-ce qu'il fout Mourmelingue ?

GINETTE : Il faut le temps, chef, il a deux antivols.

Mourmelingue entre sans la mobylette, un papier à la main.

CHEF : Ne me dites pas qu'on vous a volé votre mobylette ?

MOURMELINGUE : Non, chef, mais y a un message de votre femme, y a votre fils qui s'est fait prendre à voler des disques dans un grand magasin, faudrait aller le chercher au commissariat du 13e.

Le chef porte la main à sa gorge.

CHEF (*il suffoque*) : ...

MOURMELINGUE : Pour aller plus vite, vous voulez que je vous prête ma mobylette, chef?

Sur l'écran :

« Cette séquence est un hommage aux chefs de la Police nationale qui, dans les circonstances les plus difficiles, continuent à faire preuve d'abnégation et de courage en entraînant leurs hommes afin d'éviter les bavures du futur. »

Comment résorber le chômage (I) *

Le porte-savon

Paul : *Rufus*
Georges : Jean Yanne

Une salle de bains. Il est 6 heures du matin. Georges entre. Allume la lumière, se fait deux ou trois grimaces devant la glace, puis tire le rideau de la douche.
Un homme est là, en costume croisé strict, cravate bon genre. Il tient un savon à la main. C'est Paul.

Paul : Bonjour, monsieur.

Georges : Bonjour. Encore un nouveau !

Paul : Oui, monsieur. Je suis arrivé hier soir vers 23 heures. L'agence pour l'emploi m'a envoyé pour remplacer votre précédent porte-savon, monsieur Boulardeau, qui est tombé malade. J'ai attendu toute la nuit. Au cas où...

GEORGES : Ouais, ouais... hier soir, je suis rentré tard. J'étais crevé. Je me suis couché sans prendre de douche.

Georges ouvre le robinet et un jet d'eau très chaude *(vapeur)* se met à couler sur Paul qui hurle.

PAUL : Aïe... C'est chaud...

GEORGES : Oui, ben... Faut bien que je règle.

PAUL : Mais ça m'a brûlé !

GEORGES : Ah bon. Je vois ce que c'est. Ils m'ont encore envoyé une poule mouillée.

PAUL : Je voudrais bien vous voir à ma place.

GEORGES : Je vais y aller, à votre place, dès que j'aurai dosé l'eau chaude et l'eau froide. C'est incroyable. C'est bien la France et les Français, ça.

Quatre millions de chômeurs. On se décarcasse pour leur trouver du travail, deux ou trois gouttes d'eau chaude et ils se mettent à gueuler !

PAUL : Si on peut appeler ça un travail. Porte-savon !

Georges entre sous la douche. Il pousse Paul dans le coin. L'eau *(désormais tiède)* coule. Elle mouille Paul toujours autant.

GEORGES : Bon, alors, vous me passez le savon ?

PAUL : Ah, non. Je suis désolé. Syndicalement je suis chargé de « porter » le savon. Et non de le « passer ». Autrement dit je suis « porte-savon » et non « passe-savon ». C'est encore trop chaud, monsieur !

GEORGES : Moi j'aime bien comme ça.

PAUL : Mais ça brûle. Vous-même vous allez vous brûler.

GEORGES : Et ta connerie, elle brûle ?

PAUL : Monsieur, vous n'avez pas le droit de me traiter ainsi. C'est humiliant. Je ne suis pas n'importe qui. Je suis physicien. Vous devriez être fier et heureux d'avoir un physicien pour porter votre savon.

GEORGES : Je vois pas pourquoi. J'aurais préféré un horse-guard ou un garde républicain. Ces tenues-là, ça doit faire bien dans une salle de bains.

PAUL : Je me demande comment vous pouvez supporter une eau aussi chaude.

GEORGES : C'est pas de la peau que j'ai. C'est de la couenne. Ça, on peut dire que j'ai la peau dure.

Paul regarde le dos de Georges d'un air dégoûté.

PAUL : Dure et sale. Surtout dans le dos.

GEORGES : C'est normal. C'est parce que je travaille dans l'urbanisme.

PAUL : Je ne vois pas le rapport.

GEORGES : Je suis terrassier. Alors, bien sûr, j'ai pas le cul sur une chaise toute la journée devant un ordinateur. Je transpire, moi, mon vieux.

PAUL : Vous dites ça sur un ton de reproche. Ça n'est pas de notre faute s'il y a du chômage dans la catégorie des cadres supérieurs. Vous croyez que c'est agréable, lorsqu'on a occupé un poste à haute responsabilité, d'être ravalé à une tâche aussi subalterne qu'être un porte-savon ?

GEORGES : Oh, eh... D'abord il n'y a pas de sot métier. Et puis vous, les cadres supérieurs, comme vous dites, vous n'avez pas à vous plaindre. Si vous perdez votre boulot, on vous recycle comme porte-savon, ou comme porte-serviette, ou comme porte-je-ne-sais-quoi, mais toujours des choses jolies et qui sentent bon. Tandis que nous, les ouvriers, si on devient chômeurs et qu'on nous recycle, c'est dans quelque chose d'encore plus sale et encore plus dur. Tenez, mon beau-frère, il était porteur de pianos ; y a eu suppression d'emplois. Vous savez où il est maintenant ? Porteur de germes à l'Institut Pasteur. Vous trouvez ça moral ?

PAUL : Vous essayez de faire diversion. La situation des cadres décadrés est terrible. Le porte-savon qui m'a précédé, monsieur Boulardeau, un énarque, haut fonctionnaire dans l'audiovisuel, les meilleurs et les plus compétents, comme chacun sait ; bon il a été licencié pour raison politique. Eh bien, après avoir passé quinze jours ici, chez vous, à porter votre savon, on a dû l'interner. Il a fait une dépression.

GEORGES : Oh, mais vous présentez les choses comme ça vous arrange ! Vous savez pourquoi il a fait une dépression ? Il voulait que je lui laisse la lumière allumée dans la salle de bains quand je partais au boulot. Mais j'ai pas les moyens. Je suis payé au SMIC, moi.

PAUL : Eh bien, même payé au SMIC, vous n'êtes pas malheureux. La preuve. Vous pouvez vous payer un porte-savon.

GEORGES : Tu parles. C'est parce que c'est obligatoire. Obligation d'État pour résorber le chômage. Impôt solidarité, comme ils disent. Bon, ben c'est pas tout, faut aller au boulot.

Georges sort de la douche. Met une serviette autour des reins et se sèche.

GEORGES : Vous savez, on n'est pas si mauvais. Si vous voulez aller dans la salle à manger, pendant que je ne suis pas là...

PAUL : Non, merci. Je préfère rester ici. De toute façon, l'équipe de solidarité syndicale va passer tout à l'heure, pour m'apporter mon panier repas, et mon courrier.

GEORGES : Bon. Eh bien, au revoir. Vous êtes prévenu, hein, j'éteins.

PAUL : Je vous en prie.

GEORGES : Au fait, comment vous appelez-vous ?

PAUL : Paul.

GEORGES : Alors, au revoir, Paul.

PAUL : Au revoir, monsieur.

Georges éteint la lumière.
Noir.

Comment résorber le chômage (II) *

Placebo Kid

La mère : Valérie LEMERCIER
Le père : Jean YANNE
Le chômeur : André GAILLARD

Un couple dans une cuisine de Français moyens. Le père et la mère sont en train de s'occuper d'un nourrisson hors champ.

MÈRE : La bouillie est prête.

PÈRE : Attends, il a pas fini.

MÈRE : T'as pas fini mon poussin. Pousse... pousse.

On entend un pet énorme.

MÈRE : Oh, il a fait un pet le poussin !

PÈRE : Ça prouve qu'il est en bonne santé. Allez on va lui remettre sa culotte.

Ne touche pas à ton zizi.
La culotte est mise.
Remonte sur ta chaise.

Le nourrisson apparaît dans le cadre, il a quarante ans et est visiblement excédé.

MÈRE : Allez, dépêche-toi, mon chou, ta bouillie va être froide.

PÈRE : Mets ton bavoir.

Il met un bavoir autour du cou de l'« enfant », et ne peut pas le nouer.

MÈRE : Coince-le. Tu vois bien qu'il est trop petit. Il est trop petit ton bavoir, hein, mon chéri. C'est qu'il est gros, ce bébé-là... Bon, Charles, donne-lui sa bouillie.

PÈRE : Oh... la, voilà la bonne bouillie.
Il est grand, le bébé. Il va la manger tout seul sa bouillie.

Il donne au bébé une cuillère. Celui-ci tape dans l'assiette et éclabousse partout.

PÈRE : Mais arrête de taper avec ta cuillère, connard ! Il est en train d'en foutre partout ! Je vais te foutre une torgnole, moi...

L'« enfant » encaisse le coup et résiste visiblement à coller un marron au père.

MÈRE : Je t'en prie, Charles, ne lui parle pas mal. Pour une fois qu'on en a un...

PÈRE : Les mômes, faut les dresser. Moi je suis de la vieille école. Les chiards, faut leur serrer la vis. Alors toi, mon petit bonhomme, arrête tes conneries. Maintenant tu manges ta soupe, ou je t'en colle deux dans la poire !

MÈRE : Sois pas méchant, Charles. S'il ne mange pas sa soupe aujourd'hui, il mangera mieux demain.

PÈRE : Avoir des enfants, c'est une responsabilité. Ce sont les parents négligents qui font les enfants malnutris. On laisse son gosse refuser sa soupe, un jour, deux jours, trois jours, et on se retrouve avec une progéniture de squelettes, comme au Sahel...

MÈRE : Sois tolérant, Charles, ta mère m'a toujours dit que quand t'étais gosse, tu mangeais rien.

PÈRE : Tiens, cette connerie, c'était la guerre ! Y avait rien à bouffer. (*Au môme :*) Bon, toi, tu vas finir ton assiette, sans quoi je vais me fâcher et va y avoir promesse de mariage entre le bout de ma godasse et la largeur de ton cul !

MÈRE : Tu devrais pas lui parler comme ça, Charles. Tu lui mets des gros mots dans la tête, quand on va le rendre il va les répéter. Tu sais que par contrat on doit le restituer dans l'état où il était en arrivant. Elle est pas bonne la bouillie, mon poussin ?

CHÔMEUR : Excusez-moi, madame. Si l'on considère les règlements de l'agence nationale pour l'emploi, je dois occuper cette place de nourrisson sans dire un mot pendant toute la durée du contrat, mais franchement cette bouillie est dégueulasse. Non seulement c'est immangeable, mais en plus c'est gelé. Alors je sais que contractuellement je suis tenu de faire un rot après chaque repas, mais là je vous préviens, je vais gerber !

PÈRE : Dites donc mon vieux, vous allez pas commencer à faire du syndicalisme à la mords-moi le doigt, parce que je suis un brave mec, mais faut pas me prendre pour un Américain, hein.

CHÔMEUR : Vous y avez goûté, à la bouillie ?

PÈRE (*il goûte*) : C'est vrai que c'est dégueulasse. Et que c'est gelé. (*À la mère :*) Pourquoi tu l'as pas fait réchauffer ?

MÈRE : Je peux pas tout faire. Je le surveillais pendant qu'il était sur le pot. Je vais la remettre dans le micro-ondes.

La mère va vers la cuisine.

CHÔMEUR : Non, ça va laissez, vous savez, quand on a été dans la merde comme je l'ai été, on peut manger froid...

PÈRE : Oh, eh... vous n'allez pas nous raconter votre vie ! Vous êtes payé pour faire le nourrisson. Faites le nourrisson et nous cassez pas les noix. Je vous souhaite de toujours tomber sur des parents comme nous. Je sais que c'est la crise, mais la solidarité a des limites.

CHÔMEUR : Dites donc, c'est vous qui avez voulu un gosse à tout prix, c'est pas moi ! Elle est belle celle-là ! Si vous êtes pas foutu d'en faire, c'est pas de ma faute. J'en ai quatre des mômes, moi. C'est même pour les nourrir que je suis obligé de faire le nourrisson. Si vous savez pas faire les mômes, je peux m'occuper de votre femme, si vous voulez.

PÈRE : Salaud !

Il lui donne une gifle. Le chômeur l'attrape par le plastron et lui cogne la tête contre le mur.

CHÔMEUR : Toi, je vais te fracasser la tête ! Je vais te faire manger ta merde, moi !

La mère revient avec la bouillie chaude.

MÈRE : Voilà la bonne sousoupe toute chaude... mais... qu'est-ce qui se passe ? Qu'est-ce que tu lui as fait ?

Les deux hommes se calment.

MÈRE : Tu l'as brutalisé.

PÈRE : Moi, pas du tout.

MÈRE : Tu as dû le brutaliser pour qu'il soit grognon comme ça !

PÈRE : Non, je t'assure...

MÈRE : Écoute, Charles, on ne l'a que pour deux jours. Je t'en prie, ne trouble pas ce moment de bonheur. Hein, mon poussin ?

Le chômeur, qui ne peut pas faire autrement, regagne sa chaise.

MÈRE : Le poussin va manger sa sousoupe, sa sousoupe bien chaude. Allez, papa, donne le miam-miam au poussinet...

PÈRE : Ouvre la bouche... une cuillère pour maman.

CHÔMEUR : Putain ! faites attention, merde, vous m'en foutez plein les moustaches...

MÈRE : Pousse-toi, Charles, je vais le faire manger. Regarde, mon poussin chéri, on va faire l'avion, on va jouer au canadair. La cuillère vole... Elle vole... Elle plonge dans la soupe, elle se remplit, elle décolle... elle vole, dans la boubouche du poussin... il ouvre bien la bouche, le poussin...

Elle fait le bruit de l'avion et lui fourre la cuillère dans la bouche.
Le chômeur suffoque.

CHÔMEUR : Aah...

PÈRE (*à la mère*) : Mais tu es malade ! (*Au chômeur :*) Excusez-la. Elle est en pleine crise de maternisme exacerbé.

Le chômeur a la cuillère enfoncée dans la gorge.

PÈRE : Attendez, je vais essayer de la faire sortir...

Le père tire sur la cuillère qui sort avec un bruit de bouteille qu'on débouche.

CHÔMEUR : Mais vous êtes débile ou quoi ! Vous allez me faire crever !

PÈRE : Excusez-nous vraiment, excusez-la.
(*À la mère :*) Essaye d'être un peu plus douce, maman.

CHÔMEUR : Oui, s'il vous plaît, plus doucement.

MÈRE (*qui craque*) : Doucement ! Doucement ! Je voudrais vous y voir, vous.

Être une mère douce et tendre avec un bébé qui a une moustache. Je vais leur écrire demain à l'ANPE. J'ai jamais demandé de moustaches, moi ! Jamais de moustaches ! J'ai rien dit jusqu'à présent mais je sais que je vais finir par piquer ma crise...

PÈRE : Calme-toi, Lucette...

MÈRE (*au chômeur, devenant hystérique*) : Rasez-vous. Tout de suite ! Rasez-vous !

CHÔMEUR : Ça va pas, non ! Déjà que je suis sous-payé.

PÈRE : Écoutez, comprenez les choses. C'est vrai que pour une mère c'est dur, avec la moustache, elle n'arrive pas à se mettre dans l'ambiance.

CHÔMEUR : Oui, ben j'en ai rien à foutre. On sait que le chômage pousse les gens à faire n'importe quoi, mais y a quand même des limites. Moi j'en ai marre, je me barre.

Le chômeur se lève et se prépare à partir. La mère est effondrée.

PÈRE : Non, ne partez pas, s'il vous plaît ! Je m'excuse, qu'est-ce que je peux faire de plus ! Je m'excuse. C'est pas pour moi, c'est pour elle. Ça la travaille de pas avoir d'enfant. Vous qui pourriez être son père, soyez compréhensif. Continuez à faire semblant d'être son fils.

CHÔMEUR : Bon d'accord, mais je veux plus bouffer la bouillie, hein, ni me raser les bacchantes !

PÈRE : D'accord... D'accord. Allez, Lucette, viens faire un gros poutou au bébé qui a bien mangé sa sousoupe.

MÈRE : Oh, mon bébé, mon bébé.

Elle prend le chômeur dans ses bras.

MÈRE : Oh, mon bébé...

PÈRE : Bon, ben le bébé a mangé, moi je vais voir ce qu'il y a à la télé.

Le père sort. La mère câline le chômeur.

MÈRE : Oh, il a bien mangé le bébé ! Il va aller au dodo maintenant, on va lui enlever sa petite culotte.

CHÔMEUR : Encore !

MÈRE : Il faut lui mettre une couche pour la nuit.

Elle couche le chômeur sur la table.

MÈRE : Maman va mettre la coucouche... Elle retire la petite culotte...

CHÔMEUR : Vous croyez pas que je peux faire ça tout seul, non ?

MÈRE : Non, il est trop petit, le poussin. Allez, il va ouvrir ses petites jambes. Oh, le joli kiki, le joli kiki qui grandit. Il faut pas qu'il grandisse comme ça le kiki.. Il faut pas qu'il... grandisse... Il faut pas qu'il... Il faut pas... Il faut... Il...

NOIR
Suivi d'un panneau :
« NE SOYEZ PAS ÉGOÏSTE, AIDEZ LES CHÔMEURS ».

Les vampires *

Dracula : Jean YANNE
Georges : Christian CLAVIER

Décor draculesque classique. Tombes, croix, toiles d'araignée...
On entend les douze coups de minuit. Dracula sort de son tombeau. Il attend un petit moment. Regarde sa montre. S'impatiente.

DRACULA : Qu'est-ce qu'il fout le nouveau. C'est l'heure, merde !

Il attend encore un peu en faisant les cent pas puis... cogne sur une tombe.

DRACULA : Eh, Georges... réveille-toi, c'est l'heure. Il faut y aller.

Le couvercle de la tombe se soulève.

GEORGES : Oh, dis donc, tes dents... Qu'est-ce qu'elles sont longues ! Elles sont comme ça aussi, les miennes ?

DRACULA : Évidemment. C'est des dents de vampire classique.

Georges se passe la langue sur les dents.

GEORGES : Ah, oui... Dis donc, c'est pas facile pour fermer la bouche.

DRACULA : C'est vrai. Dans les débuts, ça gêne.

GEORGES : C'est que, moi, je suis mort que depuis hier, hein ! Mort je m'y fais, mais j'arrive pas à réaliser que je suis vampire.

DRACULA : Oh, tu verras, tu t'y feras vite. Bon, faut pas traîner sans quoi on va pas faire de vieux os.

GEORGES : Qu'est-ce qu'on doit faire ?

DRACULA : Ben, aller bouffer.

GEORGES : Boire du sang ?

DRACULA : Ben bien sûr, c'te connerie !

GEORGES : Mais où ?

DRACULA : En ville.

GEORGES : Dis donc, la ville, c'est loin.

DRACULA : On va prendre ma caisse. Tu sais qu'il faut qu'on soit rentrés avant le jour, sinon...

Ils sortent du cimetière et montent dans une voiture.

GEORGES : Où on va ?

DRACULA : Écoute, t'es mort que depuis hier. Tu dois mieux te rappeler la ville que moi. Y a pas un endroit ouvert la nuit ?

GEORGES : Y a un Big Burger à l'entrée de la ville.

DRACULA : Y a du monde ?

GEORGES : Au Big Burger, ah ouais, c'est tout le temps plein... Des jeunes...

DRACULA : Bon, ben vas-y.

Ils roulent en silence un petit moment.

GEORGES : Dracula ?

DRACULA : Quoi ?

GEORGES : Tu vas me montrer comment faut faire, hein ?

DRACULA : T'auras qu'à faire tout ce que je fais.

GEORGES : Tu veux que je te dise, le sang chaud, comme ça, j'ai peur de pas aimer.

DRACULA : T'as pas le choix ! Si tu veux pas crever, il te faut tes 6-7 litres par jour.

GEORGES : 6-7 litres ! Mais un être humain, ça contient pas plus de 6-7 litres.

DRACULA : Ben oui. C'est pour ça que quand t'en trouves un bon, t'as pas besoin de courir, tu fais tout ton plein d'un seul coup.

GEORGES : Faut tout sucer ?

DRACULA : Pas sucer. Pomper. Faut pomper. Bien aspirer à grands jets. Tu plantes tes crochets juste là, à la base du cou. Y a une grosse artère, là, faut pas la rater.

GEORGES : J'espère que j'y arriverai.

DRACULA : T'en fais pas.

Le Big Burger. Musique ambiance. Dracula et Georges entrent et vont au comptoir.

GEORGES : Deux big macs avec frites et deux Coca, s'il vous plaît.

DRACULA : Qu'est-ce que c'est que cet endroit ?

GEORGES : C'est ce qui plaît aux jeunes, mon vieux. Regarde la petite là-bas.

DRACULA : La serveuse ?

GEORGES : Ouais.

DRACULA : Ah, elle a un beau petit cou.

GEORGES : Avec une grosse veine...

DRACULA : Ouais. Ce cou-là, c'est un bon coup. Bon, suis-moi bien. Je vais te montrer.

GEORGES : Eh, attention, elle va voir tes dents.

DRACULA : Je vais les cacher derrière mon Kleenex. Bon, viens.

GEORGES : Attends, je bois mon Coca.

Il boit, et se tord de douleur.

GEORGES : Ah... ça me brûle.

DRACULA : Quel con. T'es un vampire ! Faut que tu te mettes dans la tête que maintenant y a plus que le sang que tu peux supporter... Bon, elle va vers les toilettes. Regarde comment je fais.

Dracula, suivi de Georges, rejoint la serveuse dans les WC.

DRACULA : Mademoiselle, s'il vous plaît.

Il la coince contre le mur et lui mord le cou.

DRACULA : Slurp, slurp, slurp...

Puis il recule. Il n'a plus entre les bras qu'une poupée gonflable vide.

GEORGES : Eh, laisse-m'en une goutte... Oh... t'es vache. T'as tout bu.

DRACULA : Chacun sa proie, mon pote. Tu te feras la prochaine. Tu sais, quand on est bien crocheté, c'est dur de s'arrêter. Et puis c'était juste ma dose. Tiens, accroche-la au portemanteau.

GEORGES : Ça va se voir.

DRACULA : Bon, ben mets-la dans le seau. De toute façon elle est vide.

Ils mettent la serveuse vide dans le seau et sortent des WC. Ils sont à nouveau dans le Big Burner, vide également.

GEORGES : Oh, merde, y a plus personne !

DRACULA : Ça fait rien, on trouvera dans la rue.

Ils sortent dans la rue.

GEORGES : Oh, regarde là-bas. Le couple qui s'embrasse sous le porche.

DRACULA : C'est bon pour toi, ça.

GEORGES : Oh, non. C'est trop. Faut que tu m'aides.

DRACULA : Bon, d'accord. Je saigne le mec, et tu t'occupes de la gamine. T'as bien vu comment il faut faire.

GEORGES : Oui...

Ils s'approchent du couple.

DRACULA : Pardon, messieurs-dames, pour aller à...

Dracula saute sur le mec. Georges sur la fille. On les voit de dos. On serre sur eux. Puis on se recule. Ils ont chacune une poupée gonflable vide dans les bras. Dracula se lèche les lèvres.

DRACULA : Alors ?

GEORGES : Super ! Pour une première fois c'était extra.

DRACULA : Bon, ben fous-les dans la poubelle.

GEORGES : Hou ! la la ! dis donc, je suis beurré...

DRACULA : Bon, c'est moi qui vais conduire pour rentrer.

GEORGES : Je suis bourré. C'était sucré.

DRACULA : Elle avait sûrement du diabète, ça pardonne pas ça...

GEORGES : Ah, dis donc, je suis pété...
Goûtons voir, oui, oui, oui,
Goûtons voir, non, non, non,
Goûtons voir si le sang est bon !

DRACULA : Arrête tes conneries. V'là les flics.

GEORGES : Dracula...

DRACULA : Dis pas mon nom... merde.

GEORGES (*chantant*) : J'ai sucé le sang de la gamine...

DRACULA : Tais-toi, bon Dieu...

Les flics approchent.

FLIC : Eh bien, il est beau, lui. Papiers, s'il vous plaît.

GEORGES : J'ai soif.

DRACULA : Tais-toi.

FLICS : Vos papiers.

DRACULA : Écoutez, nous sommes des touristes...

GEORGES : Eh, le petit flic, viens voir par ici.

Georges saute sur le flic et lui plante les dents dans la gorge.

GEORGES : Slurp, slurp, slurp.

Dracula à l'autre flic.

DRACULA : Il est très affectueux. Voyez, il fait pas de mal, il embrasse votre camarade dans le cou, c'est tout. Il s'amuse, quoi. Voyez, il l'a pris comme ça.

Dracula prend le second flic et le mord.

DRACULA : Slurp, slurp, slurp.

Dracula et Georges lâchent les deux flics poupées gonflables vides.

DRACULA : Hou ! la la ! J'en peux plus, moi. Avec tes conneries tu m'as fait bouffer trois fois, j'ai mal au cœur.

GEORGES : Ah, je me suis régalé !

DRACULA : Bon, tant qu'on rentre avant le soir, sinon on est cuits.

Noir.
On retrouve Dracula et Georges entrant dans le cimetière.

DRACULA : Bon, le jour se lève, faut se magner.

Ils courent vers leurs tombes. Dracula entre dans la sienne.

GEORGES : J'arrive pas à ouvrir mon cercueil.

DRACULA : Bon, viens dans le mien, grouille-toi, il fait jour.

Georges entre dans le cercueil de Dracula.

DRACULA : Oh, t'es dégueulasse, t'es plein de sang. T'en fous plein mon costard.

GEORGES : Excuse-moi... Referme le couvercle. J'y arrive pas.

Le couvercle se referme.

GEORGES : Oh ! la la... Ça tourne, je suis malade...

DRACULA : Tu vas pas vomir, non !

GEORGES : Je suis pas bien. T'as pas un Alka Seltzer ?

DRACULA : Écoute, il est temps que tu te mettes dans la tronche que tu es un vampire. Tu dois boire du sang et rien d'autre.

GEORGES : Te fâche pas, Dracula, je m'excuse. Tu m'excuses, Dracula ?

DRACULA : Oui, bon allez, dors !

Un temps.

GEORGES : Dracula...

DRACULA : Oui...

GEORGES : Je m'excuse.

DRACULA : Oh, merde. Tu vas pas t'excuser toute la journée. Faut dormir, maintenant. Sans ça, cette nuit, on va pas tenir sur nos cannes.

GEORGES : Bon, je dors. Mais je veux que tu saches qu'aujourd'hui c'est parce que c'était la première fois. Ce soir je ferai pas de bêtises, je te le promets.

DRACULA : OK. Dors.

Un temps.

GEORGES : Dracula.

DRACULA : Ah, quel emmerdeur ! Qu'est-ce qu'il y a encore ?

GEORGES : T'es le meilleur instructeur vampire qu'on puisse rencontrer.

DRACULA : Bon, merci beaucoup, dors.

Un temps.

GEORGES : Dracula...

DRACULA : Ah, quel casse-couilles ! Si t'étais pas immortel, je te tuerais...

GEORGES : Je voudrais pas que tu sois embêté à cause de moi. Je te jure que je ferai plus l'andouille. Tu me crois ?

DRACULA : Je te croirai si tu roupilles.

Un temps.

GEORGES : Dracula ?

DRACULA : Oh, putain !

GEORGES : Je voudrais pas que tu te fasses du mauvais sang.

La caméra recule : effet spécial vidéo.

Les rats des villes et les rats des champs
ou
le jugement de Dieu *

Friedrich : Jean YANNE
Bénédict : RUFUS

Un homme marche dans la campagne. C'est Friedrich.

FRIEDRICH : Les minutes, les longues minutes additionnées ont-elles déjà formé des heures depuis qu'il m'a fallu fuir ? Depuis combien de temps ai-je quitté la route ? Voici que je foule la terre, voici que me heurtent les cailloux, les racines, les odeurs et les bruits, frayeurs associées dans la nuit hostile.

Il heurte une forme étendue qui se redresse. C'est BÉNÉDICT.

FRIEDRICH : Ah... voici qu'une ombre se dresse devant moi, ombre de ma propre taille, large comme ma peur...

BÉNÉDICT : Holà, monsieur ! Quel danger vous pousse à courir ainsi dans la campagne, au point de piétiner les gens ? Le clair de lune ne vous suffit-il pas pour me désigner à vos yeux ?

FRIEDRICH : Mes yeux étaient fermés, monsieur. Je les avais fermés pour échapper aux terreurs de la nuit. Mais je vous vois, maintenant, et me voilà rassuré.

BÉNÉDICT : Monsieur, ce que vous me dites me fait bien du plaisir. D'habitude, les hommes qui me voient ne songent qu'à fuir en poussant des cris. C'est que je suis un rat, monsieur, un rat. Ma salive contient, paraît-il, les germes de la peste bubonique.

FRIEDRICH : Monsieur... Monsieur, ce ne sont que

les hommes qui ont peur de vous. Ouvrez les yeux à votre tour et vous comprendrez pourquoi, loin de m'effrayer, votre vue me rassure. Je suis également un rat. Jusqu'à présent, je vivais dans les égouts, sous la bibliothèque de la ville. J'étudiais la philosophie. Mais la peur des hommes m'a fait fuir. Savez-vous que les hommes veulent exterminer tous les rats ? Est-il normal, monsieur, que le peuple des rats soit victime d'un pareil génocide !

BÉNÉDICT : C'est Dieu qui a voulu cela, monsieur. C'est simple. Dieu a fait l'homme à son image et il n'était pas rat !
Si Dieu avait fait l'homme à son image en étant rat, la situation serait tout à fait différente !
L'homme serait rat et inversement. Cela dit, les choses ne sont pas si mal faites. L'homme vous fait peur. Il est grand, il est fort. Et pourtant les rats peuvent l'effrayer. Il faut

se contenter de cet équilibre. On ne peut rien faire contre la volonté divine.

FRIEDRICH : Évidemment... Pourtant, philosophiquement...

BÉNÉDICT : Oh, monsieur, ne parlons pas de philosophie. D'abord, comment voulez-vous qu'un rat fasse de la philosophie ? À l'évidence, Dieu ne l'a pas voulu. Regardez vos pattes. Vos pattes ne vous permettent même pas de tenir un stylographe.

FRIEDRICH : D'abord, monsieur, la philosophie n'est pas une question de stylographe. Et puis vous parlez de Dieu sans réfléchir. Si nous discutons en ce moment, vous et moi, qui sommes des rats, c'est que Dieu autorise les rats à faire de la philosophie.

BÉNÉDICT : Effectivement...

FRIEDRICH : Alors philosophons. Vous me dites que Dieu a fait l'homme à son image et qu'il n'était pas rat. Qu'en savez-vous ? Qui vous dit que Dieu n'a pas fait le rat à son image ! C'est l'homme qui a fait Dieu à son image, car l'homme n'avait pas envie que Dieu soit un rat.

BÉNÉDICT : C'est possible.

FRIEDRICH : C'est certain. Dieu est dans toute chose. Dieu *est* toute chose. Donc Dieu est rat !

BÉNÉDICT : Monsieur, j'admets votre discours et votre logique. Cependant, il faut admettre que si Dieu est dans toute chose, il est dans les hommes comme dans les rats.

FRIEDRICH : Sans aucun doute !

BÉNÉDICT : Comment expliquer, alors, que Dieu, qui est dans les rats comme dans les hommes, laisse les hommes exterminer les rats ?

FRIEDRICH : Mais parce que les rats ne savent pas s'organiser ! Dans les villes, avec l'aide de Dieu, les hommes organisent la DÉRATISATION. Pourquoi les rats, avec l'aide de Dieu, n'organisent-ils pas la DÉSHUMANISATION ?

BÉNÉDICT : Voulez-vous que je vous dise, monsieur ? Les rats n'ont pas à vivre dans les villes ! Les rats sont faits pour vivre à la campagne, avec l'aide de Dieu. Pourquoi vivre comme les hommes, là où vivent les hommes ? Que les hommes restent dans les villes et les rats à la campagne ! Et tout sera pour le mieux dans le meilleur des mondes, avec l'aide de Dieu !

FRIEDRICH : Vous avez sans doute raison. À force de vivre en ville et de faire de la philosophie, je ne sais plus où j'en suis.

BÉNÉDICT : Rat, mon bien cher frère, oubliez donc la philosophie et venez avec moi à la campagne. Dieu, qui est en nous, nous aidera à y vivre heureux, sans aucun doute.

Ils marchent côte à côte, puis...

FRIEDRICH : Ah... Mon Dieu !

BÉNÉDICT : Qu'avez-vous, mon frère ?

FRIEDRICH : Ô misère ! Ô malheur ! Inutile d'aller plus loin, mon frère. Dieu nous a abandonnés !

BÉNÉDICT : Expliquez-vous. S'agit-il encore de philosophie ?

FRIEDRICH : Mon frère rat, nous avons bien dit que si les hommes organisaient la DÉRATISATION des villes, c'est que Dieu voulait que les rats s'en fussent à la campagne ?

BÉNÉDICT : Nous l'avons dit.

FRIEDRICH : Eh bien, Dieu a bien fait l'homme à son image et il n'était pas rat ; nous voici arrivés à la campagne et voyez ce qui nous attend.

On voit un panneau : « CAMPAGNE DE DÉRATISATION ».

Faut pas prendre les enfants du bon Dieu pour des canards sauvages *

Friedrich : Jean YANN
Bénédict : RUFUS
Le Dominicain : Guénolé AZERTHIOPE

Un homme s'avance le long d'une route. Il porte une valise. C'est Friedrich.

FRIEDRICH : Celui qui, un matin, ferme les portes de sa maison et s'en va droit devant lui sur la route ne saura jamais si chaque pas additionné, chaque mètre parcouru n'a pas avancé le cours de ses jours vers un destin plus sombre. Mes pieds me font mal. Ma carcasse me pèse, et la faim me torture.

Il passe devant un homme, assis sur le talus : Bénédict.

BÉNÉDICT : Monsieur... Monsieur, je vous vois passer devant moi, sur cette route. Vous soliloquez. Vous n'accordez aucun regard aux choses qui vous entourent. Vous avez les jambes lourdes. Pourquoi ne vous asseyez-vous pas à mes côtés ? La compagnie d'un semblable est quelquefois source de repos.

FRIEDRICH : En effet, excusez-moi, je ne vous avais pas vu. Je suis étourdi de nature mais n'ayant pas mangé depuis de longs jours je suis en plus étourdi par la faim.

BÉNÉDICT : Je sais ce que c'est, monsieur. Puis-je vous offrir une partie de mon repas ? Vous me pardonnerez, je ne mange que des vers de vase.

FRIEDRICH : Que l'existence est singulière. Je marche sur cette route depuis des mois, et le seul être qui me tende la main et m'offre de la nourriture me propose un menu que je ne puis supporter.

BÉNÉDICT : Je vous ferai remarquer que je ne vous ai pas tendu la main. Regardez, je ne possède que deux petites pattes palmées.

FRIEDRICH : Comment est-ce possible ?

BÉNÉDICT : Tendez votre main vers moi. Saisissez mon cou, sentez-vous comme il est long et doux au toucher ? Eh oui, monsieur, je suis un palmipède ! Je suis un canard sauvage.

FRIEDRICH : C'est vrai. Suis-je au centre d'un rêve ? Depuis un quart d'heure nous échangeons des propos. Comment puis-je tenir une conversation avec un canard ?

BÉNÉDICT : Seul Dieu pourrait répondre à cette question, monsieur. Toutes les créatures de la Terre sont

Ses enfants. Pourquoi les enfants du bon Dieu ne seraient-ils pas des canards sauvages ?

FRIEDRICH : La faim, sans doute, qui me tenaille, me fait subir cette hallucination. Réveillez-moi, monsieur. Je viens de vous prendre, durant quelques secondes, pour un canard.

BÉNÉDICT *(en colère)* : Mais je suis un canard. Dieu m'a-t-il mis sur cette terre pour qu'on ignore mon existence ? Je vis, monsieur. Je vis. Voyez mes plumes, voyez mon dos dodu, voyez mes cuisses grasses et potelées. Je suis un très beau canard.

FRIEDRICH : Est-il possible qu'un canard soit un enfant du bon Dieu ? Dieu n'a-t-Il pas fait ses enfants à Son image. Dieu est-Il un canard, monsieur ? Les enfants du bon Dieu ne sont-ils pas autres que le bon Dieu Lui-même ?

BÉNÉDICT : Certainement, canard ou pas.

FRIEDRICH : Le bon Dieu n'a-t-il pas dit « prenez et mangez, ceci est mon corps » ?

BÉNÉDICT : Il l'a dit.

FRIEDRICH : Monsieur, j'ai très faim. Si vous êtes un enfant du bon Dieu, l'exemple du Seigneur ne doit-il pas m'inciter à vous manger ? Soyez franc.

BÉNÉDICT : Monsieur, théologiquement, je vous approuve. En tant que canard, évidemment, mon opinion est différente.

FRIEDRICH : L'opinion d'un canard compte moins pour moi que celle d'un enfant du bon Dieu. Je suis désolé, mon frère, il me faut vous saisir par ce cou doux et long...

Il l'attrape par le cou et le serre.

... Vous plumer...

Il écarte ses vêtements et le maintient sur le feu.

... Vous rôtir et vous manger !

Il se couche sur l'homme et commence à lui dévorer la poitrine.

Arrive un père dominicain.

DOMINICAIN : Halte-là, monsieur ! Je suis un pèlerin. En route vers Saint-Jacques-de-Compostelle. J'ai tout vu. Vous avez étranglé un pauvre homme, vous l'avez fait cuire d'une façon sommaire, et vous êtes en train de le dévorer. N'est-ce pas une fin inadmissible pour un enfant du bon Dieu ?

FRIEDRICH : Monsieur le pèlerin, mêlez-vous de ce qui vous regarde ! Je mourais de faim. Cet homme a voulu faire de la théologie avec moi. Mais ventre affamé n'a pas d'oreilles. Monsieur le pèlerin, enfant du bon Dieu ou pas, je n'ai jamais mangé un aussi bon canard !

L'ambassadeur *

Ambassadeur : Mike MARSHALL
Président : Billy KEARNS

Le bureau du président de la République. Face à celui-ci, un homme. Il porte un costume de base-ball, une casquette LOS ANGELES DODGERS, des baskets. Il mâche du chewing-gum.

AMBASSADEUR : Je suis venu vous voir, Mister President, parce que je traverse une sorte de crise de conscience. *I think*, je crois, que je ne suis plus en mesure d'assurer mes fonctions auprès de votre gouvernement.

PRÉSIDENT : Allons... Qu'est-ce qui se passe ?

AMBASSADEUR : Je ne sais pas quoi penser... Je souis victime d'obsessions... Je souis désemparé... J'ai tellement besoin de me confier.

PRÉSIDENT : Allez-y... Je vous écoute...

AMBASSADEUR : Voilà... Quand je vois le drapeau américain, je ne sais pas ce qui se passe en moi. Je ressens une immense fierté... Je ne peux m'empêcher de penser à cette lutte grandiose entre les États du Nord et du Sud, qui a débouché sur la naissance de cette si grande belle nation ! *That so beautiful nation !*

PRÉSIDENT : Oui...

AMBASSADEUR : Quand j'entends l'hymne américain... Oh, Mister President, si vous saviez. J'ai le cœur qui bat... J'ai envie de pleurer...

PRÉSIDENT : Ça n'a rien d'anormal. Ça prouve que vous êtes sensible...

AMBASSADEUR : Attendez ! Je ne peux boire que du Coca-Cola. Les autres boissons me dégoûtent. Je mâche du chewing-gum toute la journée... Tous les jours, je vais voir des westerns.

PRÉSIDENT : Oui, et alors ?

AMBASSADEUR : Alors ! Alors je connais par cœur les œuvres de Jefferson. J'ai lu toutes les biographies de tous les Présidents. Je suis un fan du président actuel. J'ai mis sa photo partout, dans ma chambre, dans ma salle de bains, dans ma cuisine... Je chante sans cesse les chansons de Prince, de Sinatra, de Michael Jackson. Et pouis, c'est terrible ! Écoutez mon accent !

PRÉSIDENT : Mais ça n'a rien d'extraordinaire, mon vieux. Des millions d'Américains sont comme vous !

AMBASSADEUR : Oui, mais moi... je suis l'ambassadeur de Russie.

Ciel, mon mari *

Marie Curie : Stéphane Audran
Pierre Curie : Jean-Luc Bideau

Pierre et Marie Curie sont dans leur maison. Laboratoire des années 1900. Salon franchouillard, bon chic d'époque.
Ils prennent le thé.

Pierre : Votre thé est délicieux, ma très chère...

Marie : Je vous remercie. Mais je vous signale que c'est le même depuis vingt ans.

Pierre : Je le sais bien, ma douce. Comme je sais que tout ici est délicieux depuis vingt ans. Très exactement depuis l'instant où je vous ai rencontrée.

Il se lève et vient s'agenouiller près d'elle.

MARIE : Calmez-vous, Pierre. L'heure n'est pas au souvenir, et à la tendresse... mais à nos recherches.

PIERRE : Marie, vous êtes la raison même. Ma passion pour vous m'égare ; je dois m'y arracher.

Il regarde sa montre gousset.

PIERRE : 15 heures. Je vais de ce pas au Collège de France faire ma communication sur la piézo-électricité.

MARIE : Et moi, je retourne à mon microscope. À ce soir, mon ami.

PIERRE : À ce soir, ma tendre compagne.

Pierre Curie met son manteau et sort.
Marie entre dans son laboratoire-buanderie mitoyen de la salle de séjour. Des fioles, des flacons, une débauche de trucs en verre.

Plus une lessiveuse, des baquets, et du linge qui sèche. (Chemises, calebards, chaussettes...)
Marie se penche sur son microscope.

MARIE : Tu es là, mon chéri. Je t'ai fait attendre, hein, mon biquet. Je me tapais de l'eau chaude avec mon prix Nobel... Tu n'as pas froid, dans ta petite lamelle ? Mais tu bandes, cochon ! C'est le départ de mon mari qui t'excite, hein ? Oh, mon chéri, toi aussi tu m'excites. Je voudrais que tu me prennes sur la paillasse en porcelaine comme une laborantine... Attends, que je te caresse avec ma pipette...

Retour au salon.
Pierre Curie a visiblement oublié quelque chose, et le cherche dans différents meubles. Soudain, il entend la voix de Marie.
Il colle son oreille à la porte. Voix off de Marie.

MARIE (*off*) : Oui, je vais te prendre avec ma pipette, et nous allons nous vautrer dans un bouillon de culture.
Je serai ta chienne lubrique, ton travelo brésilien, ta poinçonneuse des Lilas. Tu seras mon neutron fissible, ma turgescence radioactive, mon bouzou, bouzou d'amour. Oh oui, chéri, tu vas m'irradier de ton flux électromagnétique...

La porte s'ouvre. Pierre Curie apparaît.
Il regarde partout avec des yeux de fou.

PIERRE : Ma très chère, je suis revenu chercher mon dossier que j'avais oublié. Je ne sais plus où j'ai la tête en ce moment. Sans doute est-ce parce que je pense trop à vous. Je ne vous dérange pas, au moins ?

Il ouvre tous les placards. Regarde sous les paillasses.

PIERRE : Il m'a semblé que vous parliez à

quelqu'un... que vous aviez même une conversation... comment dirais-je... très poussée.
Très franchement, j'ai même cru que vous aviez une conversation sentimentale.
Vous ne cherchiez pas à me tromper, n'est-ce pas ?

Marie fait non de la tête.

PIERRE : Elle dit non ! Elle dit non, mais moi, je sais qu'elle veut me tromper...

Il commence à s'énerver et à crier.

PIERRE : Ah, on veut faire pousser des cornes sur la tête de son vieux prix Nobel...

Il casse quelques cornues et autres éprouvettes.

PIERRE : Mais le vieux prix Nobel ne se laissera pas faire. Vous me prenez pour un âne ! Où est-il ? Hein ? Où est-il ton bouzou, bouzou d'amour, ton neutron fissible. Où elle est, ta relativité érectile ?

Il attrape Marie par le cou et commence à serrer.

PIERRE : Tu vas me le dire, où il est, hein ? Tu vas parler, résidu du CNRS ?

Marie est à moitié étranglée.

MARIE : Il est... Il est... sur le microscope...

Pierre se précipite vers le microscope. Il regarde.

PIERRE : Mais c'est un microbe nu !

Il veut prendre la lamelle. Celle-ci lui échappe et tombe sur la paillasse.

PIERRE : Il s'est sauvé !

Pierre prend sa chaussure et commence à frapper sur la paillasse.

PIERRE : Ah, je t'aurai. Ça, je te prie de croire que je t'aurai...

MARIE : Non, arrêtez, Pierre, je vous en supplie. Vous allez le tuer !

PIERRE : Un peu, mon neveu, que je vais le tuer ! Je vais l'écrabouiller comme une petite merde de protophyte dans une anchoïade !

MARIE : Pierre, Pierre, au nom de notre amour, au nom de nos travaux, au nom de la science, soyez indulgent. Ne devenez pas un criminel.

PIERRE : Et me tromper, ça n'est pas criminel ? Tromper un prix Nobel, ça n'est pas criminel ? Qui trompe un prix Nobel trompe l'avenir de la science. Mais ça, l'avenir de la science, vous vous en foutez, madame Curie. Vous ne pensez qu'à vous envoyer en l'air avec un petit protozoaire sans avenir. D'autant plus sans avenir que je vais lui écraser la tronche à coups de savate.

Il continue à taper avec sa chaussure sur tous les trucs en verre du laboratoire.

MARIE : Par pitié, Pierre. Cessez ce génocide de vaisselle. Ça n'est qu'un pauvre microbe, un pauvre petit microbe sans défense. Un être unicellulaire peut-être, mais c'est un être humain !

PIERRE : Alors qu'il se conduise en homme, au lieu de se planquer sous les éprouvettes. Comment s'appelle-t-il ? Marie, je vous ordonne de me dire son nom.

MARIE : Gontran.

PIERRE : Gontran, je vous somme de répondre. D'homme à homme. Aimez-vous ma femme ?

On entend une petite voix, venant des débris sur la paillasse.

GONTRAN : Oui, je l'adore.

PIERRE : Mais encore...

GONTRAN : Elle m'attire comme un aimant. Je suis son corps magnétique.

PIERRE : Continuez.

Il se déplace dans le laboratoire avec sa godasse à la main en essayant de repérer où se trouve le microbe.

GONTRAN : Votre femme et moi, nous sommes deux cristaux symétriques.

MARIE : Taisez-vous, Gontran. Le monstre vous fait parler pour vous localiser, et vous détruire.

GONTRAN : Il n'y arrivera pas. Prix Nobel ou pas, il est trop vieux. Vous êtes trop vieux, cher maître. Vos insuffisances musculaires et organiques ne peuvent plus combler les cellules ô combien vivaces de votre femme.

Pierre semble avoir repéré le microbe.

GONTRAN : Tandis que moi, qui ne suis qu'une cellule neuve...

Pierre Curie lève sa chaussure.

PIERRE : Salopiot !

Il frappe un grand coup.
Explosion.
On voit la maison exploser. Puis un nuage s'élève, tel celui de Hiroshima.
En surimpression, on peut lire :
« La radioactivité est une découverte française. »

Le crime ne plaît pas *

Le commissaire : Martin LAMOTTE
L'inspecteur : Christian PEREIRA
La veuve : Olivia BRUNAUX
Le metteur en scène : Jean YANNE

Une rue du 16e arrondissement.
Une voiture avec gyrophare arrive à toute bride.
Un commissaire en descend. Il est attendu par un inspecteur.

COMMISSAIRE : Bonjour, inspecteur.

INSPECTEUR : Bonjour, monsieur le divisionnaire.

Ils entrent dans l'immeuble.

INSPECTEUR : La bonne espagnole est entrée dans la cuisine pour y prendre une boîte de Passal, le récurant vert qui gratte l'émail sans rayer les doigts...

COMMISSAIRE : Oui, ça va, ça va...

INSPECTEUR : Et elle a trouvé son patron...

Les flics montent l'escalier.

INSPECTEUR : Elle a trouvé son patron, le professeur, un poignard dans le dos, et la tête pratiquement séparée du corps. Avant de succomber, la victime a eu le temps d'écrire avec son sang « l'assassin est... », mais il n'a pas eu le temps d'écrire le nom.

Les flics sont arrivés sur le palier. L'un d'eux est à la porte. Ils pénètrent dans l'appartement du crime. Une femme les accueille.

COMMISSAIRE : Bonjour, madame. Vous êtes la veuve ?

VEUVE : Oui, monsieur.

COMMISSAIRE : Comment avez-vous été avertie ?

VEUVE : C'est affreux, monsieur le commissaire. La bonne est venue et m'a dit : « Monsieur vient d'être sauvagement assassiné. Il a dû horriblement souffrir. La crispation de son visage indique que le meurtrier s'est acharné sur le pauvre corps pantelant avec une rare violence. Monsieur a les yeux révulsés et la langue verdâtre... »

COMMISSAIRE : Bon, merci... merci. Je voudrais interroger votre domestique. Allez la chercher, Bruzard.

INSPECTEUR : Bien, monsieur le commissaire.

On entend un cri de femme épouvantable.

COMMISSAIRE : Qu'est-ce que c'est ?

L'inspecteur se précipite. Il regarde par une porte.

INSPECTEUR : Commissaire... Venez voir... La bonne est morte.

Le commissaire, en gros plan, regardant la bonne.

COMMISSAIRE : Quelle horreur ! On l'a décapitée, elle aussi. On lui a coupé les mains, et on l'a pendue au séchoir. Son pauvre ventre porte les traces d'une effroyable lacération. Bruzard, personne n'a quitté l'appartement ?

INSPECTEUR : Non.

On entend un horrible cri de femme.

COMMISSAIRE : Qu'est-ce que c'est encore ?

L'inspecteur court à l'autre porte.

INSPECTEUR : Commissaire, venez voir.

Le commissaire approche.

INSPECTEUR : Regardez la femme du professeur. Pendant que nous examinions le cadavre atrocement mutilé de la domestique, on vient de lui trancher la gorge. Et voyez sa pauvre poitrine déchiquetée et ses membres broyés. Quel monstre peut être assez sauvage pour faire ça ?

COMMISSAIRE : Je me le demande.

On entend une voix d'homme.

HOMME : Au secours, au secours... Ah... Ah...

COMMISSAIRE : Qu'est-ce que c'est, Bruzard ?

INSPECTEUR : Là-bas... un homme.

L'inspecteur court.

INSPECTEUR : Trop tard, c'est le gardien de la paix qui surveillait l'entrée. Il est mort. Il a un tournevis dans l'œil.

Le commissaire réfléchit.

COMMISSAIRE : Décidément, tout ce qui se passe ici est bien étrange. Qu'est-ce que vous en pensez, Bruzard ? Bruzard, je vous parle.

On entend un râle. La caméra panote. L'inspecteur est affalé dans un angle de la pièce. Il a une hache dans la tête.

COMMISSAIRE : Mon Dieu !

L'image se fixe. On fait un lent travelling dans l'appartement du crime.

UNE VOIX : L'assassin continuera-t-il à s'acharner sur les occupants de cet appartement bourgeois ? La liste de ses crimes s'allongera-t-elle ? L'odieux criminel poursuivra-t-il ses monstrueux forfaits ?

Apparaît le metteur en scène.

METTEUR EN SCÈNE : Vous voudriez bien le savoir, hein ? Ça vous plairait, hein, ça vous plairait d'en voir encore, et encore ? Vous êtes bien des sadiques. Dès qu'il y a du sang, des meurtres, vous n'êtes jamais rassasiés. Et vous croyez qu'on est là pour assouvir votre goût du crime et de la violence ? Mais on n'est pas des malades, nous !

Tous les techniciens, les cameramen, les assistants, les accessoiristes, la scripte apparaissent dans le champ. Ils regardent les téléspectateurs.

TECHNICIEN : Mais ils n'aiment que ça...

ASSISTANT : À l'audimat, ils sont formels. Y a que ça qui leur plaît.

SCRIPTE : C'est que des vicieux.

ACCESSOIRISTE : Des dégueulasses, oui.

ASSISTANT : Ça me débecte.

ACTEUR : Arrête, je vais gerber.

L'équipe se groupe.

METTEUR EN SCÈNE : Je crois me faire l'interprète de tous mes caramades en affirmant que nous sommes tous ici pour vous distraire, mais pas pour assouvir vos instincts morbides. Soirée policière, d'accord. Mais cochonnerie équivoque, sûrement pas.
Alors, téléspectateurs, un peu de tenue, et un peu d'allure, bordel de merde.

La mode *

Clodo 1 : Jean-Luc Bideau
Clodo 2 : Jean Yanne

Sur les quais, deux clodos (pardessus, chapeaux crados, litrons...) sont en train de feuilleter des magazines chics (*Vogue Homme, Harper's Bazaar...*)

Clodo 1 : Dis donc, qu'est-ce qu'il est mal sapé, le prince de Galles !

Clodo 2 : Fais voir... T'as raison. Pourtant, d'habitude, les Anglais...

Clodo 1 : Oh, les Anglais... Dans le temps, les Anglais... mais plus maintenant. Tu vois, les Anglais... Comment je te dirais... Les Anglais, les tissus, ça va encore. Mais la coupe, c'est plus ça ! Ils ont pas des bons designers. Quand tu vois ce que font les Japonais !

Il tend le magazine à son pote et feuillette les pages.

CLODO 1 : Regarde les Japonais. Regarde ça. C'est moderne, ça fait jeune. Regarde-moi comment que c'est déstructuré ça ! Et puis l'invention ! Les Miyaké, les Yamamoto, les Kumagaï, ils arrêtent pas d'inventer. Les Anglais, ça fait cinquante ans qu'ils font la même chose.

Le clodo 2 a pris le magazine et est revenu en arrière.

CLODO 2 : Ah, c'est quand même pas mal l'anglais classique. Regarde le raglan, par exemple. C'est pas mal, le raglan.

CLODO 1 : Ouais... mais enfin, c'est sport...

CLODO 2 : D'accord c'est sport, mais c'est pas plus mal. On peut pas toujours être habillé soir. Parce que, dis donc... quand tu dois te coucher sur une bouche de métro. Excuse-moi, mais t'es quand même plus à l'aise en raglan !

Clodo 1 : Ah ben, je t'arrête tout de suite. Si c'est pour choisir des fringues que tu dois te coucher par terre avec, alors prends tout de suite un designer japonais. Pour la bonne raison que les Japonais, ça fait deux mille ans qu'ils vivent par terre !

Il hurle de rire. L'autre est un peu vexé.

Clodo 2 : Ouais, ouais, ben justement... Le japonais, c'est toujours fripé, tandis que l'anglais, en raglan, c'est décontracté. Mais si tu choisis bien la matière, ça garde sa tenue.
D'ailleurs, j'vais te dire... Y a trois ans, j'ai vu passer un hiver entier sous le pont Alexandre-III, avec un raglan qu'on m'avait filé au Secours populaire de Passy. Eh bien, ar-

range-toi, au printemps, il était comme neuf. Faut dire que c'était du tweed.

CLODO 1 : Ah ben, bien sûr le tweed ! Enfin le tweed, d'accord, mais c'est surtout bien l'hiver, hein ! Parce que, en demi-saison, le tweed... Je vais te dire en demi-saison, et même dans n'importe quelle saison, d'ailleurs, le meilleur truc, c'est le velours côtelé. Au point de vue chic et classe, y a rien de mieux que le velours côtelé.

CLODO 2 : Mouais... On s'en lasse aussi...

CLODO 1 : Charrie pas ! Le velours côtelé c'est le top niveau. Tu veux que je te dise, l'avantage, avec le velours côtelé, c'est que c'est aussi distingué le soir que le jour.

CLODO 2 : Ah ouais...

CLODO 1 : Un peu, mon neveu ! Tiens, suppose que tu sois n'importe où... Au golf tiens, jusqu'à 7-8 heures du soir. Bon, le soir, tu dois aller bouffer dans un grand restaurant. À la Tour d'Argent. Eh ben, si t'es en velours côtelé, t'as pas besoin de repasser par chez toi pour changer de veste.

CLODO 2 : Non, mais là, je suis d'accord. Encore que le velours côtelé c'est bien, mais faut qu'il soit sombre. Parce que je vais te dire : le velours côtelé, y a des rainures. Et suppose que tu te fasses tomber du manger sur le plastron. Ça s'accroche dans les rainures. Alors si c'est sombre, ça se voit pas.

CLODO 1 : Déconne pas. Quand tu vas manger dans un grand restaurant, tu te salis pas le plastron. Pour la bonne raison que t'as une serviette...
Dans un grand restaurant, c'est sur les genoux que tu te la mets la serviette. Pas dans le col. Alors, ta serviette sur les genoux, elle protège pas ton velours côtelé...

Un temps. Le clodo 1 est vexé à son tour. Le clodo 2 pense a quelque chose et éclate de rire.

CLODO 2 : Eh, Momo... Tu te vois dans un grand restaurant... t'es là, avec ton velours côtelé... tu frimes et SCHPLACK, tu t'envoies un grand coup de caviar dans les rainures... Ah, le plan !

Il rigole, et finalement l'autre aussi.

CLODO 1 : Ah, la vache, c'est vrai ! Les coups qu'il peut t'arriver, dans les grands restaurants...

Un temps.

CLODO 1 : Dis donc, Popaul... t'en as déjà mangé, toi, du caviar ?

CLODO 2 (*hésitant*) : Ouais... une fois.

CLODO 1 : C'est bon ?

CLODO 2 : Boh...

CLODO 1 : Quel goût que ça a ?

CLODO 2 : Oh... on dirait... on dirait du thon.

CLODO 1 : Et comment que ça se mange ?

CLODO 2 : Ben... Avec des couverts à poisson.

Le clodo 1 prend un litre dans le cageot qui se trouve à côté d'eux.

CLODO 1 : Tu veux un coup ? (*Ils boivent :*) Bon, ben je vais dormir.

Il installe un carton par terre, retourne le cageot pour faire un oreiller et se couche.

CLODO 1 : T'as pas sommeil ?

CLODO 2 : Non, je vais encore lire un peu.

Le clodo 1 s'endort. Le clodo 2 feuillette *Vogue Homme.*

CLODO 2 : Putain ! Qu'est-ce que ça fait vulgaire les chaussettes à rayures !

La leçon *

La mère : Macha Méril
Le père : Jean Yanne
L'enfant : Fabien Chombard

Une loge de concierge. Quelques sardines rissolent sur un réchaud.

Le père, gardien de prison, boit du gros rouge comme un salingue.

PÈRE : Ah, que je me régale... Que je me régale ! Quand je pense que si j'aurais étudié jusqu'à trente ans, maintenant je serais docteur, ou ingénieur.
Au lieu qu'en étant gardien de prison, quand j'ai fini mon service, je peux passer ma journée à boire du vin rouge...
Ah, que je me régale...

MÈRE : T'as pas honte, non... Dis... T'as pas honte ! Que tu bois en faisant couler du vin rouge sur ta chemise... Une chemise que je t'ai lavée y a huit jours à peine.

PÈRE : Tais-toi, la vieille... Et donne-moi un autre litre, que je me régale.

ENFANT : Papa... Tu veux pas retirer ton verre de dessus la table, et essuyer la toile cirée avec ton coude pour que je puisse poser mon cahier. Faut que je fais mes devoirs.

PÈRE : Quoi ! Faire tes devoirs ! Tu vas pas me déranger avec tes livres et ton plumier pendant que je me régale à boire un coup, non, sale mouflet !

ENFANT : Mais la maîtresse, elle dit que...

Il lui file une baffe.

PÈRE : Tiens... Ça t'apprendra à m'emmerder pendant que je bois, avec tes histoires de maîtresse. Moi, la seule maîtresse que je connais, c'est la grosse Lulu, que je vais retrouver, des fois, le soir, pour boire avec elle. Qu'est-ce qu'on se régale !

MÈRE : Alexandre ! Tu devrais pas parler de ça devant le petit... Par respect pour la famille. Et par respect pour moi, également.

PÈRE : Du respect pour toi ! Non mais des fois... Tu crois que t'es belle à regarder... Allez, donne-moi plutôt un litre... Ah, mon foie... J'ai mal au foie...

Il se tord de douleur.

MÈRE : Tu bois trop, Alexandre, un jour, t'auras une crise de delirium.

ENFANT : Papa... Pousse ton litre, un peu, que je mette mon livre... Oh...

PÈRE : Ah... Il a renversé mon pinard, le petit imbécile ! Tiens.

Il lui file une baffe.

PÈRE : Mon vin rouge... Mon vin rouge.

ENFANT : C'est pas de ma faute, papa, je voulais étudier...

PÈRE : Étudier ! À quoi ça sert d'étudier, andouille ! Le sel de la vie, c'est le vin rouge et c'est pas dans les livres que ça s'apprend... Aïe... Mon foie...

MÈRE : C'est une cirrhose que t'as, oui... S'il étudie et si y devient docteur, tu seras peut-être content qu'il te soigne un jour.

PÈRE : Tu ferais ça ? Tu me soignerais si t'étais docteur, devenu grand.

ENFANT : Oui, papa... Je te donnerais des médicaments pour soigner ton foie... Et tu pourrais boire sans avoir mal...

MÈRE : Laisse-le faire ses devoirs, Alexandre.

PÈRE : Bon, allez, vas-y, fais tes devoirs. Moi, je vais boire un coup chez le bistrot.

Il se lève.

ENFANT : Papa...
PÈRE : Quoi encore ?

ENFANT : Tu veux pas me dicter un problème. Faut que je sois fort en calcul si je veux être docteur !

PÈRE : Non, mais ça va pas, non ! Non seulement faut que j'arrête de boire mon litre, mais faut que je travaille avec lui, maintenant.

ENFANT : Dicte-moi un problème, papa.

Il lui en file encore une.

PÈRE : Tiens ! C'est dicté ça ! Ah... Mon foie... Mon foie...

MÈRE : Si tu lui dictais un problème, peut-être qu'il deviendrait docteur et qu'il te soignerait ?

PÈRE : Ouais... Tu ferais vraiment ça ?

ENFANT : Oui, papa... Si je suis fort en calcul et si je deviens docteur, je te soignerai.

PÈRE : Bon... Ben je vais te dicter un problème, alors.
T'as ton crayon ?

ENFANT : Oui, papa.

PÈRE : Alors... Énoncé...
Un père boit par jour deux litres et demi de vin rouge 12° à huit francs cinquante le litre, plus deux litres de vin d'Algérie 14° à douze francs le litre. Calculez premièrement...

Fondu au noir.

Conte de Noël *

Le récitant : Jean Yanne
La jeune fille : Olivia Brunaux
Alex : Jesse Garon
L'oncle : Christian Pereira
Le Père Noël : Guenolé Azerthiope

Un récitant lit le conte. Les acteurs jouent ce qui est raconté.

RÉCITANT : Il était une foisque, dans une grande ville, un petit bar tabasque.
Dans ce petit bar tabasque, une pauvre jeune fille habita avec son méchant oncle qui était propriétaire du bar tabasque.

On voit le bar tabac, et la jeune fille style Cosette qui entre avec un seau.

RÉCITANT : Il la faisait travailler tout le temps, et

elle n'avait pas le temps de dormir, sauf deux heures par nuit, quand elle arrêtait de travailler à nettoyer le bar tabasque, la pôvre !

La jeune fille se met à genoux et lave le carrelage.

RÉCITANT : Elle était donc ce soir-là à quatre pattes en train de passer la serpillière sur le froid carrelage, au milieu des mégots et des crachats malsains. Quelle pitié de voir le pôvre petit corps décharnu plié en deux en train de passer sur le sol dégoûtant la serpillière trouée qui en plus était la seule robe qu'elle avait à se mettre quand elle va au bal, la pôvre.
Mais tout à coup, on sonne à la porte.

On entend une sonnette.

RÉCITANT : La pôvre elle se dit comme c'est bizarre que ça sonne car il y a pas de sonnette à la porte, mais elle va quand même ouvrir.

LA JEUNE FILLE : Qui est-ce ?

VOIX OFF : C'est moi.

Elle va ouvrir. Entre un rocker avec une banane.

RÉCITANT : C'était lui. Alex la banane, l'idole des serveuses du bar tabasque. Lui qui arrivait pour la sauver. Ce prince charmant avec sa banane, ses santiags et sa sonnette portative. Elle l'avait reconnu tout de suite, d'autant plus qu'il avait un badge avec sa tête et son nom dessus sur son blouson. Elle en fut toute retournée. Rappelons qu'elle était très fatiguée vu qu'elle ne dormit que deux heures par nuit, et encore les jours de marché, elle dormit seulement une demi-heure. Donc, elle était toute retournée par la vue d'Alex la banane qui commanda un panaché bien blanc.

La jeune fille sert un panaché à Alex.

RÉCITANT : La pôvre petite lui servit un panaché bien

blanc, blanc comme la neige qui tombait dehors, vu qu'on était un soir de Noël.

La pôvre petite regardait Alex la banane et pensait « il va m'emporter sur sa grosse moto vers des pays lointains et ensoleillés ».

Mais vu le froid et la neige, Alex la banane était venu en taxi. Donc, ils devront partir à pied.

C'est au moment où elle enfilait son manteau pas très chaud pour sortir qu'Alex la banane mit machinalement une pièce dans le flipper, et commença une partie.

Comme toujours, cela provoqua en lui une érection monumentale, mais surtout l'empêchait d'entendre quoi que ce soit, car la boule faisait beaucoup de bruit dans le flipper.

Le bruit était tel que la petite serveuse se boucha les oreilles. Donc ils n'entendirent pas le méchant oncle qui descendait à potron-minet l'escalier en colimaçon.

Alex la banane, qui avait fini de jouer, voulut aller se soulager aux toilettes.
Le méchant oncle colla son œil devant le trou de la serrure des toilettes pour voir qui était l'homme qui venait de parler à sa nièce, la pôvre petite serveuse.
Mais Alex la banane, qui venait de se soulager, poussa la porte des toilettes si violemment que la poignée de celle-ci entra dans l'œil du méchant oncle qui mourut sur-le-champ.
Alex la banane, l'idole des serveuses, était devenu un assassin de Noël.
La petite serveuse prit peur lorsqu'elle vit son oncle qui était mouru.
Elle le cacha sous la serpillière trouée qui lui servait de robe de bal, et les jeunes gens décidèrent de s'enfuir.
Dehors il faisait froid. Alex la banane prit le manteau de la petite serveuse et l'enfila. Elle ne prit rien. Son seul autre vêtement était la serpil-

lière trouée, mais elle ne pouvait pas la prendre car elle cachait le corps de l'oncle mouru.

La serveuse et Alex sortent du café. Et se retrouvent dans la rue sous la neige.

RÉCITANT : Elle sortit en chemisier dans la rue. Elle tremblit de partout, et ses pôvres os faisaient un bruit d'enfer.

Le couple marche sous la neige. On entend les os de la serveuse claquer.

RÉCITANT : Ils marchaient tous les deux dans la neige quand tout à coup au bout de la rue déboucha le Père Noël sur son traîneau tiré par des rennes. Mais ne voyant pas une plaque de verglas, le Père Noël dérapa et ne put éviter le couple au milieu de la rue. Dans un effroyable crissement de sabots, il écrasa Alex la banane, l'idole des serveuses. Une plaque de sang se répandit dans la rue et gela immédiatement.

On eût dit un sorbet cassis. C'est la réflexion que se fit la pauvre petite serveuse en atterrissant sur le traîneau du Père Noël car elle avait été éjectée dans la collision.

Le Père Noël, qui était très gentil, ne freina même pas pour s'occuper du corps mouru d'Alex la banane, l'ex-idole des serveuses. Il continua sa route et emporta la jeune fille vers un monde meilleur.

Maintenant, elle vit avec lui. Elle astique ses petits jouets, ses petites locomotives, ses petits soldats de plomb. Le jour de Noël, elle ne dort que dix minutes, mais le reste de l'année elle ne fait rien.

Bien sûr, sexuellement, avec le Père Noël, c'est pas terrible, mais la morale de ce conte de Noël, c'est que quand on est une pauvre petite serveuse issue d'un milieu modeste, il vaut mieux vivre avec un petit vieux gentil et riche qu'avec un rocker méchant et qui marche à côté de ses pompes ; car comme on le dit pas suffisamment dans les contes de Noël, y a pas que le cul qui compte dans la vie !

À JOUER

La semaine de bonté

Un bistrot minable. Le patron essuie les verres et le zinc avec le même torchon. Entre un client, genre brute épaisse, qui se dirige vers le comptoir, puis se ravise et va s'asseoir à une table.

PATRON : Ah... Salut, Jeannot ! Dis donc, ça fait une paye qu'on t'a pas vu !

Le client (Jeannot) répond avec une voix toute douce qui ne colle pas du tout avec son physique.

JEANNOT : Oui, Loulou... Une semaine. Une semaine bien remplie.

PATRON : Et t'es tout seul aujourd'hui ?

JEANNOT : Ben, oui, Loulou. Comme vous voyez.

Mais mon ami Roger ne va pas tarder à arriver.

PATRON : Oh... Qu'est-ce qui se passe ? Tu me vouvoies, maintenant. Et puis tu te mets plus au comptoir ?

JEANNOT : Non. Maintenant je m'assois calmement à une table. Et je vous vouvoie. Et si vous le permettez, cher Loulou, j'aimerais, à l'avenir, vous appeler « Monsieur Loulou ».

PATRON : Ah bon. Comme tu veux...

La porte s'ouvre. Entre un second client, même allure patibulo-vulgaire que le premier. Lui aussi a une voix douce qui contraste avec son aspect. C'est Roger.

ROGER : Bonjour, cher Jeannot. Bonjour, Loulou.

JEANNOT : Bonjour, mon cher camarade. Assieds-toi, je te prie.

ROGER : Merci grandement.

PATRON : Oh ! là !... Qu'est-ce qui vous arrive, à tous les deux...

ROGER : Rien, Loulou. Nous avons changé, c'est tout...

JEANNOT : Et nous aimerions bien changer le monde autour de nous...

ROGER : Il y a tant de violence, partout sur la terre, tant de gens qui s'affrontent...

JEANNOT : Tant de gens qui se combattent ou tout simplement s'ignorent, que nous devons, nous, lutter pour imposer la douceur...

ROGER : C'est notre gourou qui nous l'a dit.

PATRON : Ah. Parce que vous avez rencontré un...

ROGER : Vous savez, monsieur Loulou, la vie en société nous oblige à être calmes.

JEANNOT : À être courtois.

ROGER : Serviables.

JEANNOT : À respecter notre prochain.

ROGER : Donc à être polis.

JEANNOT : D'ailleurs, cher Roger, je viens de dire à monsieur Loulou que nous le vouvoierons, dorénavant, et que nous l'appellerons monsieur.

ROGER : Très bien. C'est une très bonne idée, cher compagnon. Nous appellerons Loulou, monsieur Loulou. Que prendras-tu, brave ami ?

JEANNOT : Une menthe à l'eau, mon cher copain.

ROGER : Monsieur Loulou, s'il vous plaît, pouvons-nous avoir une menthe à l'eau et un thé, avec un nuage de lait.

PATRON : Oh ! la ! la !...

ROGER : Pardon.

PATRON : Rien... Rien...

Le patron prépare les boissons. Les deux clients se font des sourires très doux, et sortent chacun un carnet de leur poche.

ROGER : Bon ! Sortons nos carnets. Est-ce que tu as fait de bonnes actions, cette semaine, cher camarade ?

JEANNOT : Certes. Lundi, j'ai fait traverser la rue à une vieille dame.

ROGER : Très bien. Cela te fait donc... Attends je vérifie...

Il consulte un barème dans son carnet.

ROGER : Cela te fait trois points.

JEANNOT : Mais pour ne pas gêner les automobilistes, je l'ai fait traverser dans les clous.

ROGER : Oh, c'est mieux ! Alors cinq points.

JEANNOT : Et en plus, j'ai porté son cabas.

ROGER : Oh, six points. Tu as vraiment bien démarré la semaine. Alors je marque... Jeannot... six points.

JEANNOT : Et toi ?

ROGER : Moi, lundi, j'ai donné mon pardessus à une pauvre jeune fille qui pleurait seule dans le froid.

JEANNOT : Oh... Comme c'est gentil. Mais tu as dû souffrir ensuite de la neige et du vent, en veste légère...

ROGER : Tu sais comme le fait de faire une bonne action réchauffe. Donné le pardessus, ça me fait huit points.

JEANNOT : Est-ce qu'il lui allait ?

ROGER : Quoi ?

JEANNOT : Le manteau. Est-ce qu'il lui allait ?

ROGER : Non... Il était trop grand.

JEANNOT : Alors il faut t'enlever deux points. Parce que, lorsque l'on fait un cadeau, il faut que cela aille à la personne. Tu comprends ?

ROGER : Tu as raison, brave ami. Six points seulement, alors. Mardi, j'ai vu une contractuelle laide et bête.

JEANNOT : Comme elles le sont toutes, ces grosses connasses.

ROGER : Jeannot, comment oses-tu parler ainsi de ton prochain, mon ami.

JEANNOT : Excuse-moi, ça m'a échappé. C'est vrai que je peux pas les blairer...

ROGER : Tu ne dois dire du mal de personne. Même de ces pétasses...

JEANNOT : C'est vrai. Je m'enlève un point.

ROGER : Donc, cette contractuelle n'arrivait pas à trouver la moindre voiture en infraction. Alors je me suis garé exprès dans les clous pour qu'elle puisse faire son travail. J'estime que cela me fait quatre points.

JEANNOT : Oui, mais dans les clous, peut-être que tu as empêché des gens de traverser en toute sécurité. Trois points seulement.

ROGER : Oui, tu as raison de me reprendre, gentil copain, trois points.

JEANNOT : Tu sais, cher Roger. Lorsque l'on fait une bonne action, il faut qu'elle soit bonne pour tout le monde.

ROGER : Bien sûr.

Le patron apporte les consommations. Il les regarde comme s'ils étaient des Martiens.

PATRON : Voici votre thé et votre menthe à l'eau.

JEANNOT : Merci, monsieur Loulou.

PATRON : C'est incroyable ce que vous avez changé tous les deux. J'en reviens pas !

ROGER : Nous avons eu la révélation de la sagesse et de la bonté.

JEANNOT : Cela peut vous arriver à vous aussi, vieux fumier. Oh, pardon, monsieur Loulou... Pardon Roger...

PATRON : Ouais. Je suis bien comme je suis, moi...

Le patron s'en retourne derrière son comptoir. Les deux braves clients hochent la tête avec commisération.

ROGER : Alors, qu'est-ce que tu as fait mardi ?

JEANNOT : Mardi, j'ai fait la vaisselle, à la maison.

ROGER : Bien.

JEANNOT : Le lendemain, j'ai fait le ménage.

ROGER : Très bien.

JEANNOT : Et le soir, j'ai fait la lessive.

ROGER : Encore mieux. Cela mérite trois points. Depuis combien de temps es-tu marié ?

JEANNOT : Je suis pas marié. Tu sais bien que je suis seul.

ROGER : Alors tu ne mérites pas le moindre point. De toute façon, tu devais faire la vaisselle et le ménage.

JEANNOT : Oui, c'est vrai.

ROGER : Ça n'est pas bien d'essayer de t'attribuer des points que tu ne mérites pas.

JEANNOT : J'ai honte.

ROGER : Si tu te repens, ça va. Veux-tu une autre menthe à l'eau ?

JEANNOT : Non, je voudrais une limonade-cassis.

ROGER : Et moi, je vais prendre un soda à l'orange. S'il vous plaît, monsieur Loulou, un soda à l'orange et une limonade-cassis...

Le patron encaisse le coup et prépare les verres.

JEANNOT : À ton tour. Qu'as-tu fait mercredi ?

ROGER : Au supermarché, il y avait une pauvre mère qui avait rempli son Caddie, et qui n'avait pas assez d'argent pour payer la nourriture de ses cinq enfants. Alors je l'ai aidée à décharger la moitié du Caddie.

Jeannot : Comme tu as été gentil ! Ça mérite au moins cinq points !

Roger : Tu sais, je crois que je vais te battre cette semaine. Car en sortant du supermarché, j'ai vu un pauvre aveugle qui ne trouvait plus son chemin. Alors je me suis mis à quatre pattes, et j'ai fait le chien pour le guider. J'ai même pissé contre sa jambe avant de partir pour qu'il croie que c'était un vrai chien.

Jeannot : Ça n'est pas bien, cher Roger. Maintenant, tous les chiens du quartier vont venir renifler sa jambe, au risque de le faire tomber. De plus, qu'est-ce qui t'a pris de te transformer en bête ? Tu dois faire le bien sous ton apparence. Celle d'un humain bon et sensible comme tu l'es devenu.

ROGER : Tu as raison, brave et cher ami.

JEANNOT : Tu n'auras aucun point.

ROGER : D'accord. Je reconnais avoir eu tort.

Le patron apporte les consommations.

PATRON : Voilà. Une limonade-cassis, un soda à l'orange.

ROGER : Continue, toi. Jeudi ?

JEANNOT : Jeudi, j'ai rencontré une dame très gentille. Elle m'a abordé dans la rue, et m'a dit : « Bonsoir, mon poussin. »

ROGER : C'est charmant.

JEANNOT : Ensuite, elle m'a dit : « Tu montes chez moi ? » Comme elle avait l'air très doux je suis monté.

ROGER : Tu as bien fait. Il ne faut pas refuser les invitations des gens gentils.

JEANNOT : Je lui ai demandé si elle invitait

souvent des gens inconnus à venir chez elle, elle m'a dit : « Aujourd'hui, tu es le vingt-huitième. »

ROGER : Quelle brave personne !

JEANNOT : Ensuite, elle m'a dit : « Tu ne veux pas mettre cinq cents francs sur la cheminée ? » Elle était si gentille que je les ai mis...

ROGER : Comme tu as bien fait, cher Jeannot, car elle devait avoir des frais à inviter tant de monde chez elle ! Cela mérite au moins dix points.

JEANNOT : Oh, que je suis content. Veux-tu boire autre chose ?

ROGER : Oui. Je voudrais un cocktail de jus de fruits avec de l'eau pétillante.

JEANNOT : Moi, je vais prendre un lait-fraise. Monsieur Loulou, s'il vous plaît : un lait-fraise et un cocktail de jus de fruits avec de l'eau pétillante...

Le patron s'approche.

PATRON : Eh... Vous allez pas me faire faire la navette toute la journée et changer de commande toutes les cinq minutes.

ROGER : Mais, monsieur Loulou...

PATRON : Qu'est-ce que c'est que ce nouveau genre ! Avant vous restiez des heures au comptoir à vous taper des petits blancs, comme des clients normaux...

JEANNOT : Qu'est-ce qui lui prend ?

PATRON : Maintenant c'est lait-fraise, limonade, jus de fruits...

Il repart en pétard vers le comptoir.

ROGER : Quelle violence !

JEANNOT : Quelle agressivité !

ROGER : Il ne connaît pas la gentillesse. Comme il doit être malheureux.

JEANNOT : C'est à cause de son travail. Et de son environnement.

ROGER : C'est certain. Toute la journée au milieu de gens qui ne boivent que du vin blanc...

JEANNOT : Sans avoir rien d'autre à faire que de laver les verres.

ROGER : Essuyer le comptoir.

JEANNOT : Vider les cendriers.

ROGER : Nettoyer les tables.

JEANNOT : Balayer le sol.

ROGER : Quelle existence horrible !

JEANNOT : Aidons-le à en sortir... D'abord faisons un peu le ménage.

ROGER : Bonne idée. Ça lui rendra bien service. Et puis ça va nous faire beaucoup de points !

Ils se lèvent et vont vers le comptoir. Roger passe derrière, prend une bouteille, et balaye toute une rangée de verres.

PATRON : Mes verres ! Mais qu'est-ce qui vous prend ?

ROGER : Et voilà. Plus de verres à laver. Deux points.

Jeannot prend une chaise et la casse.

PATRON : Eh là !... mes chaises !

Jeannot en casse une deuxième, puis une troisième.

JEANNOT : Vous n'aurez plus à les astiquer. Trois points !

Roger casse les bouteilles.

PATRON : Mes bouteilles...

ROGER : Vous n'aurez plus à supporter les commandes des ivrognes, cher monsieur Loulou. Dix points...

Jeannot casse la glace qui se trouve derrière le comptoir, tandis que Roger démolit la vitre de la façade, les appliques, les lustres...

PATRON : Mon bistrot...

JEANNOT : Vous n'aurez plus à l'ouvrir. Vingt-cinq points chacun.

Le patron s'effondre dans un coin et pleure.

ROGER : Qu'est-ce qu'il a... Il pleure !

JEANNOT : Cher et brave monsieur Loulou. Il avait l'air bourru comme ça, mais tu vois comme il est sensible. Il ne peut s'empêcher d'être ému par notre bonne action.

ROGER : Comme quoi, tous les êtres humains, même les plus durs, sont sensibles à la gentillesse.

JEANNOT : Bon. Faisons nos comptes. Alors toi, Roger, cinquante-six points... et moi... soixante-huit.

ROGER : Tu as gagné, mon cher copain. Bravo.

Il l'embrasse.

JEANNOT : Merci. Mais tu gagneras la semaine prochaine.

ROGER : Bien sûr. Que faisons-nous ?

JEANNOT : Il n'est pas tard. Allons boire un verre chez Lucien.

ROGER : D'accord. Au revoir, monsieur Loulou.

JEANNOT : Au revoir, monsieur Loulou. À la semaine prochaine.

Réanimation

La cour d'un hôpital. Le docteur arrive en voiture et se gare en face d'un panneau. Emplacement réservé au docteur Taupin.

Le docteur sort et entre dans l'unité de réanimation. Toutes les portes sont ouvertes, et sur des lits une dizaine de malades reliés par des électrodes à des moniteurs où l'on peut suivre leur rythme cardiaque. Les moniteurs sont, eux, reliés à un ensemble central d'où l'on peut suivre en une seule fois tous les infarcis. Les infarcis sont sous perfusion.

Devant les moniteurs, une belle infirmière. Elle a l'air en pétard. Le doc-

teur, lui, a tout l'air d'avoir passé la nuit dehors.
Il retire sa veste et enfile une blouse blanche.

DOCTEUR : Tout va bien ?

INFIRMIÈRE : Pourquoi ça irait mal ? La vie n'est pas belle ? Tu n'as pas passé une bonne soirée ? Peut-être que la nuit a été un peu dure.

DOCTEUR : Oh, ça va !

INFIRMIÈRE : Ça va ! C'est tout ce que tu trouves à dire ?

DOCTEUR : Oui, ça va. Qu'est-ce que tu voulais ? Que j'arrive avec un bouquet de violettes et des excuses.

INFIRMIÈRE : Oh, j'en espérais pas tant ! Mais au moins avec une explication.

DOCTEUR : Y a pas d'explication.

INFIRMIÈRE : Ah, y a pas d'explication ?

DOCTEUR : Non.

INFIRMIÈRE : Y a pas d'explication ! Eh bien moi j'en ai marre. J'en ai marre, tu comprends !

DOCTEUR : Geneviève, ça suffit, ça suffit. Hein ! Il y a des malades.

Il sort de la salle de monitoring et entre dans une salle où se trouvent trois malades.

INFIRMIÈRE : Je m'en fous de tes malades. Michel, quand je te parle, tu pourrais avoir la politesse de rester en face de moi.

DOCTEUR : Je te dis qu'il y a des malades, bon Dieu !

INFIRMIÈRE : J'en ai rien à faire de tes malades. Tu vois ce que j'en fais de tes malades. Hein, tu vois ce que j'en fais !

Elle attrape les bocaux de perfusion et les fout par terre. Les infarcis se secouent sur les lits. Le docteur essaie de la maintenir, mais elle se débat, et tous deux s'entortillent dans les fils et les tubes qui s'arrachent. Les infarcis se secouent de plus belle.

Plan sur le central monitoring où les courbes s'affolent.

Elle hurle. Sur les écrans, le rythme cardiaque des infarcis s'accélère.

INFIRMIÈRE : Tu as encore passé la nuit à traîner les boîtes avec des pétasses. Et évidemment c'est normal !

DOCTEUR : Oui, c'est normal. Tu crois pas que j'ai le droit de m'étourdir un peu, non, après douze heures en milieu hospitalier ?

INFIRMIÈRE : Non mais tu te fiches du monde ! Moi j'attends debout toute la nuit, je dois me lever à 5 heures du matin. Pour venir piquer des culs et vider des bassins...

DOCTEUR : Tu n'as pas besoin de te lever, si tu es restée debout.

Elle devient hystérique et hurle encore plus. Les moniteurs se secouent.

INFIRMIÈRE : Ah, n'exagère pas, hein... N'exagère pas ! Parce que moi je vais te laisser tomber avec tes myocardes, tes coronaires, tes infarctus et ton milieu hospitalier qui me dégoûtent.

Il l'attrape à bras-le-corps et lui tord les bras dans le dos pour l'immobiliser (comme les policiers américains).

DOCTEUR : Mais tu es folle ! Tu es sonnée, non ! Je vais te calmer, moi. Je vais te calmer !

Ils sortent de la première salle et arrivent dans une autre salle à trois lits.

DOCTEUR : Tu ne crois pas que tu vas faire la pluie et le beau temps ici, hein. Parce que c'est vrai que tu n'es qu'une piqueuse de culs et une videuse de pots de chambre. C'est parce qu'on te permet de distribuer des thermomètres que tu vas te prendre pour Marie Curie, hein !

L'infirmière continue à se débattre. Le docteur essaie de la ligoter en arrachant les fils et les tubes des infarcis de la seconde salle, mais elle réussit à tout arracher, ce qui n'est pas bon pour les allongés.

INFIRMIÈRE : Et toi, pauvre type, tu te prends pour un prix Nobel, tu fais rigoler tout le monde !

DOCTEUR : Geneviève, tais-toi !

INFIRMIÈRE : Non, je me tairai pas. Non, je me tairai pas. Je vais te le dire ce qu'on dit de toi dans ton « milieu hospitalier ».
On dit qu'on t'a collé dans un service de réanimation parce que tout est électrique, et que t'as rien d'autre à foutre qu'à surveiller les écrans.

DOCTEUR : Ne me pousse pas à bout, Geneviève.

INFIRMIÈRE : Regardez-le, le célèbre cardiologue. Regardez-le !

Plan du docteur écumant sur fond de moniteurs qui déconnent de plus en plus.

INFIRMIÈRE : Regardez-le ! Il roule des mécaniques le « milieu hospitalier ». Il en fiche pas plus que s'il travaillait aux Galeries Lafayette pour surveiller les voleurs au rayon des slips.

DOCTEUR : Ah, ne sois pas vulgaire, Geneviève ! Ne sois pas vulgaire, parce que ton slip, moi, je vais te le virer, et je vais te foutre une belle raclée jusqu'à ce que la peau de ton cul devienne une pièce de collection !

INFIRMIÈRE : Ben, essaie... essaie donc... Lâche... Raté... Tocard... Vétérinaire...

Ils se poursuivent dans toutes les salles et se

lancent tout à la gueule, les malades sautent, se tordent, se crispent, se contractent, deviennent verdâtres ; bref, ça va pas bien pour eux.

On voit les moniteurs qui deviennent fous.

Ils entrent dans une salle où il n'y a qu'un lit.

Le docteur vire le malade qui s'y trouvait, couche l'infirmière à plat ventre, la tourne et commence à lui flanquer une fessée. Elle hurle.

DOCTEUR : C'est un traitement de choc, qu'il te faut ! Un traitement de choc ! Ça te va, ça, hein, ça te va ?

Après l'avoir copieusement rossée, il s'arrête. L'infirmière s'assied. Elle se masse les fesses en reniflant.

INFIRMIÈRE : Oh... Ce que tu m'as fait... Ce que tu m'as fait...

Elle continue de renifler. Sur ses sanglots, on fait le tour des salles... Les malades sont agités de soubresauts, ils sont en travers des lits, les yeux retournés.

Le dispatching.
Les moniteurs ont des courbes incohérentes.

On revient dans la chambre où sont le docteur et l'infirmière. Celle-ci continue de pleurer doucement.

DOCTEUR : Tu vois où tu nous mènes avec tes colères à la noix.

INFIRMIÈRE : Ce que tu m'as fait...

DOCTEUR : Bon... Excuse-moi.

Il s'approche d'elle.

INFIRMIÈRE : Ah, ne me touche pas !

DOCTEUR : Puisque je t'ai demandé pardon.

Il la prend dans ses bras.

INFIRMIÈRE : Ce que tu m'as fait... Devant tout le monde.

Le docteur tourne la tête.

DOCTEUR : T'en fais pas, va... Personne n'en parlera.

On découvre le dispatching et les moniteurs.

Les courbes sont plates.

Les loups *

Le Canada, l'hiver, par – 60. Deux trappeurs avancent dans une tempête de neige. Bruit du vent. Hurlements de loups.

TRAPPEUR 1 : T'entends ?

TRAPPEUR 2 : Ouais... C'est les loups.

TRAPPEUR 1 : T'es sûr ?

TRAPPEUR 2 : Certain. Ça, c'est des loups.

TRAPPEUR 1 : Ah, j'aime pas ça !

TRAPPEUR 2 : Personne n'aime ça. Déjà, en soi, les loups ça fait peur, mais quand il fait froid, c'est pire.

TRAPPEUR 1 : Et là il caille... Il fait au moins – 60.

Le trappeur 2 sort un thermomètre de sa poche.

TRAPPEUR 2 : – 62. C'est pas chaud. Ah, regarde, tu as une oreille qui vient de tomber. Elle est toute bleue.

Dans la neige, gros plan sur une oreille bleue.
Le trappeur 1 ramasse son oreille.

TRAPPEUR 1 : Merde alors. Qu'est-ce que je vais en faire.

TRAPPEUR 2 : Mets-toi-la dans la bouche. Ça la réchauffera...

Il regarde derrière lui. On entend les loups plus proches.

TRAPPEUR 2 : On n'aurait pas dû laisser des boulettes de viande derrière nous pour marquer la route.

TRAPPEUR 1 : Fallait bien trouver quelque chose. Les cailloux blancs, ça se voit pas sur la neige.

TRAPPEUR 2 : Ouais, mais les loups vont jamais nous lâcher.

TRAPPEUR 1 : Les voilà... Tu les entends... ? Ils se rapprochent.

Ils s'arrêtent et regardent l'horizon.

TRAPPEUR 2 : Oh, regarde là-bas... Là-bas... un snack-bar !

TRAPPEUR 1 : Calme-toi... C'est un mirage.

TRAPPEUR 2 : Non, regarde : « Hot dogs, café, boissons chaudes à toute heure... »

Il lève le bras et heurte la tête du trappeur 1.

TRAPPEUR 1 : Aïe... c'est malin, t'as arraché mon autre oreille.

TRAPPEUR 2 : Excuse-moi. C'est parce que ma main

est gelée. Je sens plus ce que je fais.

Les trappeurs arrivent à un bois de sapins. Il y a quatre sapins. Le trappeur 1 regarde la main du trappeur 2.

TRAPPEUR 1 : À mon avis, faut qu'on te la coupe, ta main. Sinon, tu vas avoir la gangrène.

TRAPPEUR 2 : Tu crois ?

TRAPPEUR 1 : C'est sûr. Et puis avec le sang qui va couler, ça te réchauffera.

TRAPPEUR 2 : Bon, d'accord. Attends, je vais la poser sur le tronc d'arbre, là... T'as la hache ?

TRAPPEUR 1 : Ouais. Regarde pas. Je vais y aller d'un coup sec.

TRAPPEUR 2 : Une seconde. J' vais boire un coup de whisky pour m'anesthésier.

Il boit un coup.

TRAPPEUR 1 : Bon, c'est prêt.

Il coupe sa main d'un coup de hache.

TRAPPEUR 2 : Aïe.

TRAPPEUR 1 : Je t'ai fait mal ?

TRAPPEUR 2 : Non, ça va. C'est le choc qui m'a surpris.

Il tient sa main coupée avec son autre main et la frappe sur le sapin.

TRAPPEUR 2 : Ah, dis donc, elle est dure, hein !

On entend les loups de plus en plus fort.

TRAPPEUR 2 : Qu'est-ce qu'on entend bien les loups ! On dirait qu'ils sont dans les buissons.

Le trappeur 1 s'agite.

TRAPPEUR 1 : Ils y sont, dans les buissons. Y en a un qui me bouffe le pied. J'm'en étais pas aperçu !

Le trappeur 2 tape sur le loup avec sa main gelée coupée.

TRAPPEUR 2 : Fous le camp, sale bête.

On entend le loup partir en hurlant de douleur.

TRAPPEUR 2 : Ah, bah merde, Roger. T'as plus de pied !

TRAPPEUR 1 : T'as raison. Il me l'a becqueté. Dis donc, comment je vais marcher ?

TRAPPEUR 2 : T'as qu'à sautiller.

TRAPPEUR 1 : Jeannot... Y a des sapins là, fais-moi une béquille.

TRAPPEUR 2 : Eh, j'ai qu'une main ! Comment tu veux que je fasse ? Ah, ça se réchauffe pas, dis donc. Je sens que je vais éternuer.

Il sort son mouchoir et éternue.

TRAPPEUR 2 : Ah, merde, y a mon nez dans mon mouchoir.

TRAPPEUR 1 : Ah, t'es marrant, nez en moins.

TRAPPEUR 2 : Néanmoins quoi ?

TRAPPEUR 1 : Sans nez quoi.

TRAPPEUR 2 : Ah ouais... Je vais le garder. Ça fera toujours un projectile pour lancer aux loups. Ah, c'est pas facile, il faut que je mette mon nez et ma main dans ma poche pour tenir le bâton...

Il enveloppe le nez dans le mouchoir, met celui-ci dans sa poche avec la main.

TRAPPEUR 1 : Dis donc. J'ai envie de pisser...

TRAPPEUR 2 : Non, non, ne sors rien ! Quoique, au point où tu en es... Allez, appuie-toi sur moi...

TRAPPEUR 1 : Ah ! Ça fait du bien. T'as vu, dans la neige ça fait des petits trous... c'est rigolo.

TRAPPEUR 2 : Ouais, c'est marrant... Eh, fais attention !

Le trappeur 1 a son sexe gelé dans la main.

TRAPPEUR 1 : Ah, bon, ça y est. Ça a cassé comme du verre. Dis donc, je vais les garder, ça fera des projectiles pour les loups.

Il met ses attributs sexuels dans sa poche. On entend à nouveau les loups très proches.

TRAPPEUR 2 : Les loups, ils approchent, les sales bêtes...

TRAPPEUR 1 : Y en a deux devant nous. Regarde le gros là...

TRAPPEUR 2 : Attends, je vais lui lancer ma main, à ce fumier.

Il lance la main. On entend un bruit de coup, et un hurlement de douleur du loup.

TRAPPEUR 2 : En pleine gueule. L'autre, je vais lui lancer mon nez.

Il lance le nez, même bruit, cri du loup.

TRAPPEUR 1 : Bravo ! en plein dans l'œil...

TRAPPEUR 2 : Il se tire ! Ah, non, ils se battent avec l'autre pour bouffer mon nez...

TRAPPEUR 1 : Dis donc, je commence à faiblir. Je crois que j'ai la gangrène dans ma jambe coupée...

TRAPPEUR 2 : Attends... Tiens bon ! Y a une cabane, là-bas...

TRAPPEUR 1 : C'est encore un mirage, mon vieux. Te laisse pas avoir... Aïe... ça me fait mal.

Hurlements de loups.

TRAPPEUR 2 : Ah, les loups, ils reviennent... Lance-leur ton service trois pièces, Roger...

TRAPPEUR 1 : OK. Adieu mes petites.

Il lance ses attributs gelés sur les loups qui hurlent, puis il tombe.

TRAPPEUR 1 : Ah... j'en peux plus, c'est la fin...

TRAPPEUR 2 : Non… là-bas, y a une cabane, je te dis.

TRAPPEUR 1 : Non, laisse-moi, je suis foutu.

TRAPPEUR 2 : Un moment de cafard, vieux, ça va passer…

TRAPPEUR 1 : Non, c'est trop tard… Écoute, laisse-moi geler. Et sers-toi de moi pour te défendre. Simplement, garde un petit morceau de moi, en souvenir… mon coude, par exemple.

TRAPPEUR 2 : Dis pas de bêtises. On approche de la cabane… Dépêche-toi, les loups nous talonnent.

TRAPPEUR 1 : Je suis fini. Lance-leur ma jambe.

TRAPPEUR 2 : Non, elle tient encore.

TRAPPEUR 1 : Plus beaucoup, tiens, prends.

Il arrache sa jambe et la tend à son compagnon qui la jette aux loups.

TRAPPEUR 2 : Tiens, sale bête. Mange ça et n'y revient plus...

On entend les bruits que fait le loup qui se régale.

TRAPPEUR 1 : Oh, Jeannot. J'avais raison ! C'est une vraie cabane. Avec une vraie porte...

TRAPPEUR 2 : Attends. Je vais frapper avec le bras qui me reste.

Il frappe.

TRAPPEUR 1 : Vite... vite, les loups s'approchent.

TRAPPEUR 2 : Y a quelqu'un... Holà, dans la cabane, y a quelqu'un ?

La porte s'ouvre. Apparaît Line RENAUD.

LINE : Bien sûr qu'il y a quelqu'un...

Début chanson : « Ma cabane au Canada. »

Le cirque

La ménagerie d'un cirque ringard.
Ringards, également, deux individus, Momo et Paulo, sont en train d'enfiler des costumes de lion.

MOMO : Eh, Momo, t'as pas chaud avec ton costard ?

PAULO : Pour l'instant, pas trop. Seulement, je sais pas qui l'a porté avant, mais ça gratte !

Le directeur du cirque arrive.

DIRECTEUR : Eh, les lions, vous êtes prêts, les clowns ont bientôt fini.

MOMO : Oh, y a pas le feu, hein. Paulo, tu veux pas tirer ma fermeture Éclair ?

PAULO : Ouais... Ah, elle est coincée...

MOMO : Fais gaffe, tu me coinces la peau... Ah, ça y est.

DIRECTEUR : Alors, vous êtes prêts, oui ou merde !

MOMO : Paulo, redéfais ma fermeture Éclair. J'ai envie de pisser...

DIRECTEUR : Non, non, on pissera plus tard. *The show must go on.* En piste !
Et attention, c'est un deal entre nous. Le dompteur ne sait pas que vous êtes des faux lions. Alors pas d'impair, sinon je vous vire.

MOMO : Ouais, mais faut pas non plus qu'il nous traite comme des chiens...

DIRECTEUR : Il est très vieux. C'est un de ses derniers passages avant la retraite. Il est sourd et il ne voit plus clair. Alors vous n'avez pas à vous en faire. C'est d'ailleurs pour ça qu'on ne lui donne pas des vrais lions.

PAULO : Attends, tu perds ta queue. Je vais te la remettre. Ah, merde, c'est dur, l'agrafe est à l'envers.

DIRECTEUR : Non mais, qu'est-ce que vous foutez, nom de Dieu !

PAULO : Y a Momo qui perd sa queue, patron. Et sans queue dans la vie, on vaut pas grand-chose (*il hurle de rire*).

MOMO : T'as raison.

DIRECTEUR : Vous vous foutez de moi ou quoi ?

PAULO : Non mais, sérieux, sans queue, il va se faire repérer tout de suite. Mais ça va pas être long. Ça y est ! Quel talent !

DIRECTEUR : Bon, allez-y. Et surtout rugissez bien en rentrant dans la cage.

Les lions qui marchaient comme des humains se mettent à quatre pattes et entrent dans le couloir-tuyau qui mène au centre

de la piste, dans la cage.
Ils restent à l'entrée.
Monsieur Loyal fait l'annonce.

MONSIEUR LOYAL : Public adoré, voici le moment que vous attendez tous. La venue de l'homme le plus courageux du monde, Marcus Springbill. Le dompteur hémophile, qui vient directement de Kansas City. On l'applaudit bien fort !

Le dompteur arrive au centre de la cage et salue, en faisant claquer son fouet. Il est vieillissime, à moitié miro. Il est sourd et titube. Salve d'applaudissements.
On revient à l'entrée de la cage où les deux faux lions attendent toujours.

DIRECTEUR : Allez, rentrez. Mais rentrez, nom de Dieu.

Il leur pique le cul, avec une canne cloutée.

MOMO : Aïe. Eh, c'est pas prévu dans le contrat, ça !

PAULO : Avance, contrat ou pas, on l'a dans le cul. Y a aucun syndicat pour défendre les faux lions.

Ils avancent au centre de la cage. Le dompteur claque son fouet.

DOMPTEUR : Allez, Wanda... Wanda sur le cube, sur le cube, s'il vous plaît...

MOMO : Il m'appelle Wanda. Comme si j'étais une fille, c'est ridicule. Aïe, mais il me frappe, ce con.

Effectivement, le dompteur lui a collé un bon coup de fouet.

DOMPTEUR : Sonia... Sonia, assis.

MOMO : Va t'asseoir sinon il va te filer un coup de trique.

Paulo court, presque debout, et va s'asseoir. Le dompteur n'a rien vu.

DOMPTEUR : Assis, Sonia... Voilà.

Le dompteur salue le public qui l'applaudit.

Les deux faux lions sont côte à côte assis.

PAULO : T'as pas trop mal, Momo.

MOMO : Ben, ça fait pas du bien, mais il perd rien pour attendre !

DOMPTEUR : Allez... debout, Wanda... debout, Sonia... sur les pattes arrière... voilà.

Le dompteur salue. Le public applaudit. On serre sur les deux ringards.

PAULO : Écoute-moi ces autres cons. C'est bien la première fois qu'on nous applaudit parce qu'on se lève.

Un garçon de piste apporte un cercle que le dompteur enflamme.

MOMO : Putain ! À tous les coups, va falloir sauter là-dedans. Il nous a pas prévenus, ce fumier de directeur.

Le dompteur pose le cercle de feu sur un support et vient chercher les lions.

DOMPTEUR : Allez, Wanda... Allez...

Momo s'avance vers le cercle de feu, mais se dégonfle de passer au travers.

DOMPTEUR : Mais tu vas sauter, nom de Dieu !

Il lui balance un méchant coup de fouet. Momo hurle de douleur et saute à travers le cercle de feu. Paulo qui se trouvait derrière se débine en courant à l'autre bout de la cage.
Le dompteur le poursuit, et le ramène à grands coups de fouet jusqu'au cercle de feu dans lequel Paulo finit par sauter tant bien que mal.

PAULO : Aïe, mon cul. Dis donc, enfoiré, je te retiens avec ton boulot « sympa et bien rémunéré ». La prochaine fois, c'est moi qui choisirai les petites annonces.

Le dompteur voit cette conversation animale d'un mauvais œil.

DOMPTEUR : Allez, Sonia, Wanda. Debout. Ah, vous ne voulez pas travailler, fauves de mes fesses !

Il leur file des coups.

DOMPTEUR : Allez, au pied. Au pied, j'ai dit.

En ayant marre de prendre des coups, les deux lions bidon s'exécutent.

DOMPTEUR : Sur le dos, maintenant, les pattes en l'air...

MOMO : Il est vraiment vicieux, ce mec-là !

DOMPTEUR : Allez, Wanda, allez, Sonia. Ouvrez la bouche.

Momo et Paulo ouvrent la bouche. Le dompteur leur fourre à chacun un bout de barbaque.

PAULO : Beurk. C'est de la chèvre, et y a encore les poils.

MOMO : Tais-toi, moi y a carrément un os.

Momo et Paulo sont toujours sur le dos, avec leur gros bout de viande dans la bouche.
Sur le côté de la cage, micro en main, arrive Monsieur Loyal.

MONSIEUR LOYAL : Cher public, voici le moment que vous attendez tous : « Le baiser de la mort ».

DOMPTEUR : En place, Wanda, sur le cube.

Paulo se retourne et se dirige à quatre pattes vers le cube. En passant, il marche sur la queue de Momo, qui se détache.

MOMO : Ma queue, connard ! J'ai l'air de quoi maintenant. Sans ma queue je me sens manchot.

Momo prend sa queue et marche à reculons pour ne pas être vu du dompteur. Il vient se placer devant Paulo.

PAULO : Fous le camp, je dois faire le baiser de la mort.

MOMO : Remets-moi ma queue.

PAULO : Fous le camp, je te dis.

MOMO : Je bougerai pas tant que tu m'auras pas remis ma queue.

Le dompteur, complètement gâteux, n'a rien vu. Il s'approche de Paulo.

DOMPTEUR : Allez, on ouvre bien sa boubouche.

Le dompteur glisse sa tête dans la bouche du lion. En même temps, Momo frétille du croupion et Paulo essaie de lui remettre sa queue.
Paulo glisse du cube, abandonnant sa tête de lion autour de la tête du dompteur qui s'écroule.
Momo et Paulo se redressent et sortent en courant sous les sifflets de la foule.
Le directeur les attend.

DIRECTEUR : Bravo, beau boulot, espèces d'abrutis ! maintenant, j'ai plus de dompteur ! Je suis ruiné.
J'ai plus qu'à aller travailler en usine. Ce soir, il va falloir que je rembourse la location.

Le directeur s'assied sur un cube et pleure.

MOMO : On s'excuse, patron.

PAULO : On est désolés. On peut rien faire pour vous ?

DIRECTEUR : Non. Vous êtes sympas. Mais c'est foutu.

MOMO : Vous savez, ce soir on peut refaire les lions. Si on répare ma queue.

DIRECTEUR : Mais le dompteur, vous pouvez pas le réparer. La seule chose que vous pourriez faire, ce soir, c'est un autre numéro. J'ai deux costumes de phoques dans la roulotte aux accessoires.

PAULO : D'accord. Pour vous dépanner, on veut bien faire les phoques. Mais on veut pas que le dompteur nous oblige à bouffer du poisson cru !

MOMO : Ah, non. Parce qu'avec les écailles et les arêtes, on va crever.

DIRECTEUR : Il faut bien qu'il vous donne quelque chose comme récompense. Sinon, ça fera pas vrai.

MOMO : Eh ben, des saucisses !

PAULO : Ou des merguez !

MOMO : De loin, ça se verra pas.

DIRECTEUR : D'accord. Merci, les gars. Vous êtes gentils. Le cirque c'est quand même une grande famille.

Président

<u>**SÉQUENCE 1 : STUDIO.**</u>

En fond d'image, le décor qui a été utilisé pour la photographie officielle du président de la République.
Le présentateur regarde la France au fond des yeux.

PRÉSENTATEUR : La France ! Cinquante-cinq millions de sujets, sans compter les sujets d'inquiétude. Et particulièrement celui-ci : « Comment va le Président ? » Le Président, les Français l'estiment, le respectent, l'aiment, et, bien souvent, sont inquiets à son sujet.

SÉQUENCE 2 : RUE-SONDAGES.

Une succession de personnes interrogées.

Une dame au marché.

LA DAME : Ah ! J'ai toujours peur qu'il lui arrive quelque chose !

Une autre dame dans la rue.

AUTRE DAME : Je me demande s'il mange bien... s'il dort suffisamment.

Un garçon de café.

GARÇON : J'ai peur qu'il se surmène. Jamais une minute de repos. Jamais le temps de s'asseoir à une terrasse pour boire un coup.

Un médecin, dans son bureau à l'hôpital, devant un grand panneau représentant un intestin.

MÉDECIN : La question qui m'interpelle est celle-ci : « Est-ce qu'il va bien à la selle ? »

Un travelo au bois de Boulogne.

TRAVELO : Est-ce que ça ne l'empêche pas d'avoir une vie sexuelle normale ?

Un prêtre, fort accent du Sud-Ouest.

PRÊTRE : Putain, je prie pour lui chaque jour. Chaque jour, nom de Dieu, je me dis, putain, pourvu que le Seigneur, dans son infinie bonté, le protège, ce con !

SÉQUENCE 3

Retour au présentateur dans le studio.

PRÉSENTATEUR : Vous le constatez, les Français sont inquiets pour le Président. Eh bien, qu'ils se rassurent, celui-ci est bien protégé, et bien surveillé. Dans toutes les pièces, tous les couloirs, tous les recoins du palais de l'Élysée, dans la voiture comme dans l'avion présidentiels, des caméras sont sans cesse braquées sur lui. Ces caméras sont reliées à une régie finale, installée dans les locaux de la Direction générale de la gendarmerie.

Une régie de télévision revue par les gendarmes : lits de camp, tables avec baguettes, restes de camembert, litres de rouge...
Le réalisateur (capitaine de gendarmerie) est aux manettes.
À ses côtés, la scripte en uniforme de lieutenant.
Trois ou quatre gendarmes surveillent les écrans.

CAPITAINE : Où il est, je l'ai perdu.

SCRIPTE : La quatre. Dans la salle de bains.

CAPITAINE : Ah oui... La quatre... Serre sur les chiottes... Bien...

On ne voit pas les écrans, mais seulement les techniciens-gendarmes, de face.
OFF, on entend une chasse d'eau.

GENDARME 1 : Il a fini...

GENDARME 2 : Il va sortir...

GENDARME 3 : Il sort...

GENDARME 4 : Il est sorti...

SCRIPTE : Il est dans le couloir. La deux.

CAPITAINE : Élargis sur le couloir.

SCRIPTE : Il est dans son bureau.

Le capitaine-réalisateur s'appuie sur son siège, se passe la main sur les yeux.

CAPITAINE : La vache ! J'espère qu'il va pas ressortir avant un bout de temps, qu'on puisse souffler un peu !

SÉQUENCE 4

Le bureau du Président. Le Président vient de s'asseoir. Un énarque obséquieux lui présente le courrier à signer.
Sur un perchoir, un perroquet. Il est noir, jaune et rouge.
Le Président signe.
On ne verra jamais son visage.

ÉNARQUE : Monsieur le Président...

PRÉSIDENT : Oui...

ÉNARQUE : Vous...

PRÉSIDENT : Quoi ?

Le Président regarde l'énarque.

ÉNARQUE : Vous êtes en train de... Vous êtes en train de... signer...

PRÉSIDENT : Ben oui... Je le sais !

ÉNARQUE : Non, mais... Vous êtes en train de signer... sur votre main.

Le Président regarde sa main couverte d'encre.

PRÉSIDENT : Ah oui...

Le Président s'essuie la main avec sa cravate.

PRÉSIDENT : Je suis un peu distrait aujourd'hui...

ÉNARQUE : C'est bien normal, monsieur le Président. Vous êtes surmené.

PRÉSIDENT : Sur qui ?

ÉNARQUE : Sur personne. Vous êtes surmené. Vous en faites trop.

PRÉSIDENT : C'est vrai. J'en ai plein les bottes. Mais il faut accepter la dure épreuve du destin national !

Le Président finit de signer. Il se lève. Il ouvre une boîte qui se trouve sur son bureau, en sort un biscuit, et va le donner au perroquet.

PRÉSIDENT : Oh, il a faim Coco ! Mais il est trop gourmand. Il va éclater ce Coco-là...

L'énarque s'approche du Président. Il parle très bas, dans sa barbe. À la limite du compréhensible.

ÉNARQUE : À propos... Monsieur le Président... Si j'ose me permettre. Au sujet de votre perroquet... Parmi les personnalités que vous recevez... Certaines réflexions...

PRÉSIDENT : Quoi, certaines réflexions...

ÉNARQUE : Concernant votre perroquet... Les couleurs...

PRÉSIDENT : Quoi, les couleurs ? Il est magnifique !

ÉNARQUE : Oui, sans aucun doute. Mais les couleurs...

PRÉSIDENT : Eh bien, qu'est-ce qu'elles ont les couleurs ? Elles sont très belles !

ÉNARQUE : Ce sont les couleurs allemandes, monsieur le Président. Alors, pour un président français... Il faudrait peut-être... Il serait mieux de... changer...

PRÉSIDENT : Changer les couleurs de mon perroquet !
Voulez-vous que je fasse teindre Coco !

ÉNARQUE : Non... Mais il faudrait peut-être changer de perroquet... ou vous en séparer... D'autant qu'il... qu'il chie partout.

PRÉSIDENT : Écoutez, Saugereau, la raison d'État,

c'est une chose. Mais les sentiments, ça compte aussi ! J'avais ce perroquet quand j'étais simple militant. Je l'avais lorsque j'étais obscur député. Il ne m'a jamais quitté. Alors je ne vais pas m'en séparer maintenant sous prétexte que deux ou trois peigne-culs de la politique internationale se permettent de faire des réflexions !
Et la déclaration des Droits de l'homme, qu'est-ce que vous en faites !

ÉNARQUE : Ça ne concerne pas directement les perroquets... Mais si vous tenez à le garder...

PRÉSIDENT : J'y tiens, oui !

ÉNARQUE : Je vous prie de bien vouloir m'excuser... Si vous n'avez plus besoin de moi...

PRÉSIDENT : Non. Merci, Saugereau.

L'énarque sort, larvaire. Le Président donne un autre biscuit au perroquet.

Président : Tu te rends compte, Coco ! Couleurs allemandes ! Qu'est-ce qu'ils vont pas chercher. Tu es pourtant un bon petit Français, hein Coco ? En plus, il ose dire que tu es sale...

SÉQUENCE 5

On est à nouveau dans la régie finale de la gendarmerie. Sur le capitaine-réalisateur et son équipe, de face. On continue d'entendre, OFF, le Président.

Président : Hein, Coco. Que tu es sale, que tu fais partout... Un grand garçon comme toi ! Ah, merde !

La scripte-gendarme se penche vers les écrans.

Scripte : Ah, ça y est !

Capitaine : La cinq... Serre sur le perchoir, sur le perroquet... Descends... Descends... Ah oui, y a pas de doute !

Le capitaine-réalisateur se tourne vers un des gendarmes.

CAPITAINE : Prévenez la Sécurité !

Le gendarme concerné appuie sur un bouton et parle dans le micro d'ordres.

GENDARME : Sécurité... Régie finale à Sécurité... Un tapis, à nettoyer immédiatement, dans le bureau du Président...

Le square

Lui : On ne s'était pas vus depuis si longtemps.

Elle : C'est vrai.

Lui : Si on ne s'était pas rencontrés dans ce square.

Elle : Si nos enfants, en sortant ensemble, ne nous avaient pas fait nous rencontrer à nouveau.

Lui : Nos enfants qui vont à la même école que nous, qui sont amis à la même place que celle que nous occupions, qui ont les mêmes jeux que ceux que nous avons eu il y a vingt ans.

Elle : Ton fils fait jouer ses petits doigts sur la cuisse de ma fille, en faisant la bébête qui monte qui monte, comme tu le faisais sur ma cuisse.

Lui : Et ta fille, comme tu le faisais il y a vingt ans, éclate de rire en disant la bébête va escalader la zigougnette de mon toto...

Elle : Ces enfants que nous aurions pu avoir ensemble.

Lui : Mais la vie nous a séparés.

Elle : Mais nous nous sommes retrouvés.

Lui : C'est vrai. Nous allons nous revoir.

Elle : Je le souhaite ardemment.

Lui : Qu'est-ce que tu fais dans la vie ?

Elle : J'ai fait une licence de droit, puis Sciences-Po. Puis j'ai fait l'ENA, de la politique, et je crois que je vais être élue au Parlement européen. Et toi ?

Lui : Tu sais comme j'aimais la moto, alors j'en ai fait mon métier.

ELLE : Quelle merveille, tu es coureur ?

LUI : Non, comme j'aimais aussi les animaux, je suis devenu ramasseur de merde en moto, dans les rues de Paris.

ELLE : Ah bon...

LUI : Tu sais... j'ai un peu peur, te revoir, après toutes ces années.

ELLE : T'as raison, vaut mieux qu'on s'oublie.

La plus belle femme du monde

Roger est assis dans un endroit indéterminé.
Arrive Jeannot.

JEANNOT : Eh, Roger... Tu devineras jamais ce que je viens de voir.

ROGER : Laisse-moi chercher.

JEANNOT : Tu trouveras jamais.

ROGER : Une voiture qui roule toute seule.

JEANNOT : Non !

ROGER : Un troupeau d'éléphants.

JEANNOT : On est à Paris, Roger. Dans une ville normale. Y a pas d'éléphants.

ROGER : Des chameaux.

JEANNOT : Pas de chameaux.

ROGER : Un flic et un chien qui copulaient derrière une voiture. Un évêque qui faisait pipi du haut du métro aérien.

JEANNOT : Tu peux pas trouver, je te dis.

ROGER : Bon ben dis-le, c'est agaçant !

JEANNOT : La plus belle femme du monde !

ROGER (*sceptique*) : Ah ouais !

JEANNOT : La plus belle femme du monde, je te dis. Tout à l'heure, en venant. Elle était devant la vitrine d'un marchand de chaussures. Elle regardait les chaussures pour hommes.

ROGER : La plus belle femme du monde ! Elle regardait les chaussures pour hommes !

JEANNOT : Exactement.

ROGER : Mon pauvre Jeannot, si elle regardait les

chaussures pour hommes, c'est pas la plus belle femme du monde. Une femme qui regarde les chaussures pour hommes, c'est une femme qui veut acheter des chaussures à son mec. Mais la plus belle femme du monde, elle est trop belle pour avoir un mec, alors elle regarde pas les chaussures pour hommes. Donc, celle que tu as vue, c'est pas la plus belle femme du monde.

JEANNOT : Écoute, Roger, je m'y connais en femmes. Si c'était une femme un peu belle, ou même très belle, extrêmement belle, même, je te le dirais, mais là, je peux vraiment t'affirmer, c'était la plus belle femme du monde. Et elle était devant la vitrine d'un marchand de chaussures pour hommes, et simplement, sans faire d'esbroufe, sans rien faire pour attirer l'attention, elle regardait les chaussures du haut de son mètre.

ROGER : Du haut de son quoi ?

JEANNOT : Du haut de son mètre, elle faisait un mètre.

ROGER : Tu as encore bu, Jeannot.

JEANNOT : Pas une goutte. J'ai vu la femme la plus belle du monde et elle faisait un mètre.

ROGER : Jeannot, une femme d'un mètre peut pas être la plus belle femme du monde !

JEANNOT : Et pourquoi ? S'il te plaît ?

ROGER : Parce que la taille normale d'une femme est d'environ cinquante centimètres et qu'une femme d'un mètre, c'est une grande gigue, une girafe.

JEANNOT : Oui, eh bien, ne t'en déplaise, je lui ai parlé. Je l'ai invitée à dîner. Elle a dit oui et je la vois ce soir. Voilà.

ROGER : Tu es fou. Tu vas être ridicule.

JEANNOT : Pourquoi tu dis ça, Roger. Pour me faire de la peine, t'es jaloux ou quoi ?

ROGER : Mais réfléchis, Jeannot, tu vas être ridicule. Combien tu mesures ?

JEANNOT : Un mètre quatre-vingts.

ROGER : Tu te rends compte ! Comment veux-tu ne pas être ridicule, la différence est trop grande...

JEANNOT : On ne peut pas être ridicule quand on est avec la plus belle femme du monde

ROGER : Elle a un nez comment.

JEANNOT : Elle a un nez normal.

ROGER : Combien ?

JEANNOT : Trente centimètres.

ROGER : Bon, ça c'est normal pour un mètre...

JEANNOT : Je te dis qu'elle n'a aucun défaut. Elle est parfaite.

ROGER : Ses jambes ?

JEANNOT : Sept, huit centimètres, comme toutes les femmes.

ROGER : Son cou ?

JEANNOT : Quarante centimètres, normal.

ROGER : Normal, tu trouves ça normal. Mais mon pauvre vieux, une femme normale a un cou de quarante centimètres, mais elle ne fait pas un mètre.

JEANNOT : Je t'assure que c'est très joli. Et puis cesse de dire qu'elle n'est pas normale. Ce soir, je couche avec elle, nous allons follement nous aimer.

ROGER : Dès la première rencontre ? Dis donc, un peu légère, la plus belle femme du monde !

JEANNOT : On a eu le coup de foudre. Moi pour elle et elle pour moi. Alors, je vois pas pourquoi on se retiendrait.

ROGER : Le coup de foudre ! Elle te l'a dit ?

JEANNOT : Elle me l'a fait comprendre.

ROGER : Ah, oui, mais elle te l'a pas dit.

JEANNOT : Elle était devant la vitrine du magasin de chaussures pour hommes. Je lui ai dit : Madame, vous êtes la plus belle femme du monde.

ROGER : Et alors.

JEANNOT : Alors, elle m'a regardé et a fait coin coin coin...

Le piège

Présentateur journal télévisé.

Présentateur : Bonsoir. Comme chaque jour, l'actualité est faite de bonnes et de mauvaises nouvelles.
Bonne nouvelle pour l'Europe. Le général Franco est toujours mort.
À Beyrouth, un terroriste qui était en train de garer une voiture piégée devant un immeuble a été tué par l'explosion de l'immeuble, qui avait lui-même été piégé quelque temps auparavant par un commando terroriste.
Les membres du commando terroriste, qui étaient sortis de l'immeuble piégé avant que celui-ci explose, ont été

tués par l'explosion de leur voiture qui avait été piégée par un groupe terroriste opposé pendant qu'ils étaient en train de piéger l'immeuble.
Un car de police, attiré par l'explosion de l'immeuble piégé et par l'explosion de la voiture de ceux qui avaient piégé l'immeuble, a été détruit par l'explosion de la première voiture piégée, garée par le terroriste tué par la première explosion. Avant d'être tués, les policiers ont eu le temps d'abattre les membres du groupe de terroristes qui avaient piégé la première voiture.
Toujours à Beyrouth, un riche commerçant libanais, Simon Ben Moussa, a rompu ses fiançailles avec la fille de l'ayatollah Mah'moudy. Il affirme que la jeune fille a voulu le piéger.

La contestation

Une voiture sur la route.
Vu du pare-brise un gendarme arrête la voiture.
Et fait signe au conducteur de se garer.
Il s'approche.

GENDARME : Monsieur, je vous prie de bien vouloir excuser la façon cavalière par laquelle je me présente à vous. Je n'ignore pas que mon bras levé et le son du sifflet dont je viens d'user ont quelque raison de vous irriter. Mais le moyen d'agir autrement, monsieur. Le costume que je porte vous indique que je suis gendarme, et surveillant cette section de route, je vous ai vu franchir la bande jaune.

AUTOMOBILISTE : Oui... C'est possible. Je roule depuis trois quarts d'heure derrière une deux-chevaux qui se traîne, et j'ai réussi à la doubler qu'en bas de la côte... Enfin, je ne veux pas discuter... Je suis pressé, voilà mes papiers, faites vite.

GENDARME : Faites vite quoi, monsieur ?

AUTOMOBILISTE : Eh ben, relevez mon identité ! Voilà ma carte grise, mon permis de conduire, ma vignette...

GENDARME : Monsieur, si je stoppe votre élan sur cette route, c'est pour défendre un principe. Celui de l'égalité des hommes devant une hiérarchie librement consentie. Je ne suis pas là simplement pour jeter un froid regard sur des papiers d'identité. Le gendarme, monsieur, n'est pas une machine inhumaine faite pour le contrôle ou la répression. C'est un homme, monsieur, que les hasards de l'existence placent en face d'un autre homme. Monsieur, je suis confondu de voir que vous me prenez pour autre chose qu'un être humain.

Il avale son émotion.

AUTOMOBILISTE : Écoutez... J'ai franchi la bande jaune, c'est d'accord. Voilà mes papiers. Collez-moi une contravention et qu'on n'en parle plus. Qu'est-ce que vous voulez d'autre ?

GENDARME : Mais le dialogue, monsieur, le DIALOGUE ! Je suis gendarme. Vous, conducteur. Vous franchissez la bande jaune. C'est là une décision du destin qui nous met en présence. N'est-ce pas le prétexte au dialogue ? N'est-ce pas une ouverture faite à la contestation socratique ?

AUTOMOBILISTE : Écoutez... J'ai rendez-vous à Grenoble à 3 heures moins le quart. Je ne suis pas en avance. Vous voulez me donner un PV. Alors, faites-le, je ne discute pas !

Gendarme : Mais c'est ce qui me navre, monsieur. Car c'est uniquement de la discussion que peut naître l'unité des hommes. Notre rencontre est symbolique, monsieur. Je ne supporte pas que vous acceptiez sans discussion la décision arbitraire que je peux prendre à votre égard, sous prétexte que je suis gendarme. Je vous en supplie, monsieur, ayez la bonté de me traiter comme un être de chair, de sang et de pensée.

Automobiliste : Bon ! J'en ai marre, moi. Vous venez de le dire. Vous êtes gendarme. Je suis automobiliste. Je franchis la bande jaune... Alors verbalisez et laissez-moi foutre le camp à Grenoble.

Gendarme : Ah non, monsieur. Je n'accepte pas ce jeu trop inégal ! Vous me laissez trop facilement le libre arbitre. Vous m'incitez à prendre la décision de vous punir pour charger ma conscience de remords et d'interrogations. Vous avez franchi la bande jaune. Eh bien mon rôle d'homme est de savoir si votre faute n'est pas excusable. Je pense qu'elle l'est, monsieur. Teilhard de Chardin nous l'affirme. Le plus grand est fait avec le plus petit. Le chromosome et le virus sont faits d'éléments plus petits encore. Les éléments faisant partie d'un être vivant doivent être considérés également comme des êtres vivants, et ces éléments vivants sont eux-mêmes formés d'éléments plus petits qui doivent être considérés comme vivants.

Et ainsi de suite jusqu'à ce qu'on arrive au plus petit, c'est-à-dire au corpuscule élémentaire.

Donc, tout est vivant dans l'Univers : le caillou qui borde le chemin, l'oiseau... et la bande jaune, elle-même formée de particules vivantes. Donc, franchir une bande jaune, c'est dépasser un être vivant. Sur le plan de la philosophie pure, vous n'avez commis aucune infraction en franchissant cette bande jaune.

AUTOMOBILISTE : Écoutez, j'ai un conseil d'administration à 15 heures. Alors, ou vous me foutez une contredanse, et on en termine, ou alors j'ai rien fait, et vous me laissez partir. C'est clair ?

GENDARME : On ne peut plus clair, monsieur. Vous pouvez partir.

AUTOMOBILISTE : Si c'est pas malheureux de perdre son temps comme ça.

Il démarre. Le gendarme regarde la route. Son visage s'éclaire. Un type vient de passer la bande jaune. L'automobiliste stoppe. C'est une bagnole naze. Le conducteur est un Arabe.

GENDARME : Alors, la bande jaune. T'es miro ? Gare-toi mieux que ça. Papiers. Je vais t'apprendre à respecter le codc, moi.

Les sondages de Hamlet

Le décor représente les terrasses du château d'Elseneur.

POLONIUS : Horatio, mon compagnon, la vie nous force à faire d'étranges statistiques. 50 % de mes secrets te sont connus. Côte à côte, nous passons les 3/4 de notre existence. Te confierai-je le doute qui, à 46,5 %, s'empare de moi ? Hamlet, notre prince Hamlet est devenu fou. Il a perdu 90 % de sa raison.

HORATIO : Je ne suis que pour 25 % de votre avis, seigneur Polonius. Certes, 35 % des hommes de guet déclarent que son comportement est étrange, mais 46 % des soldats de la garde déclarent qu'il est normal. Par conséquent, 19 % seulement des gens de ce palais croient que le seigneur Hamlet est fou.

POLONIUS : Horatio, mon compagnon, dans 65 % des batailles livrées par le prince Hamlet, son jugement nous a fait remporter la victoire. 46,7 % des combats ont été remportés avec 82,9 % des pertes pour l'ennemi. Mais depuis que la paix est revenue, et qu'il n'y a plus que 7 % de rebelles dans le royaume, le prince Hamlet passe 65 % de son temps enfermé dans la tour et, sans dire un mot, contemple 42 % de la campagne.

HORATIO : Seigneur Polonius, il y a, je crois, 40 % d'exagération dans vos propos. Mais j'entends des pas. Les 72 % de couloirs de ce château résonnent. Le prince Hamlet nous rend visite.

POLONIUS : Longue vie à vous, prince Hamlet. Je vous souhaite 88 % de jours heureux, et vous assure que 95 % de mon temps est consacré à votre service. Comment vous portez-vous ?

HAMLET : Ah... Être ou ne pas être ? C'est la question que je me pose à 98,9 %. Mourir... Dormir... Et se dire que c'est à 85,8 % la fin de l'angoisse du cœur. Mourir... Dormir... Qui supporterait 8 % d'injures infligées par le temps, 16 % d'amour méprisé, 22 % de doute devant la foi, 15 % de refus devant l'adversité, 11,7 % de trahison, 14,5 % de mépris, 21,7 % de chagrin, sans vouloir mettre fin à ses jours !
Ah, mourir...
Que cette épée, sortie à 100 % de son fourreau glacé, transperce 75 % de ma poitrine.
Ah...
Que 82 % de mon corps repose sur le froid dallage de ce château.
Et que ma vie... s'achève ici, après 30 années, dont 99,4 % de malheur.

Il meurt.

HORATIO : Seigneur Polonius, le prince Hamlet est-il mort ?

Il le touche.

POLONIUS : À 100 %, Horatio. Ah, je sens 76 % de peine monter en moi. Mais 24 % de raison m'obligent à m'occuper malgré tout des affaires de ce château.
Holà !... Que 22 % des gardes enlèvent le corps du malheureux prince Hamlet.
Que 15,6 % des fossoyeurs se mettent à préparer son éternelle couche.
Horatio, pour le cortège, vous préviendrez les pompes funèbres.

HORATIO : Seigneur Polonius, la Maison Borniol ? Ou les Établissements Roblot ?

POLONIUS : Borniol. Ils nous font 10 %.

Table

* En collaboration avec Guenolé Azerthiope et Christian Pereira.

Cet ouvrage a été réalisé par la
SOCIÉTÉ NOUVELLE FIRMIN-DIDOT (Mesnil-sur-l'Estrée)
pour le compte de LA LIBRAIRIE PLON

Achevé d'imprimer en décembre 1999

Imprimé en France
Dépôt légal : octobre 1999
N° d'édition : 13131- N° d'impression : 49311